Il grande libro del Chihuahua

David Anderson

Dati di Catalogazione

David Anderson

Il grande libro del Chihuahua ---- Prima edizione.

Riassunto: "Come allevare con successo un cane Chihuahua dal cucciolo alla vecchiaia" --- Fornito dall'editore.

ISBN: 979-8-89818-014-0

[1. Chihuahua --- Saggistica] I. Titolo.

Design di Sorin Rădulescu

Prima edizione italiana, 2025

INDICE

INTRODUZIONE

Uno dei cani più piccoli al mondo, il Chihuahua è una razza affascinante: ogni cane deve essere considerato come un individuo a sé stante, perché il comportamento di questa razza è incredibilmente unico e presenta una delle più ampie varietà di tipi di personalità, che si formano principalmente in base a come i Chihuahua vengono cresciuti e quanto vengono socializzati nei primi periodi di vita. I Chihuahua presentano anche una gamma di aspetti fisici più varia rispetto alla maggior parte delle razze, con la versione tipica a pelo corto e quella a pelo lungo.

Sono facilmente una delle razze canine più polarizzanti a causa della loro piccola statura e della loro personalità. Più piccoli di molti gatti domestici, i Chihuahua non corrispondono all'immagine tradizionale di un cane; tuttavia, è proprio questo che li rende così facili da incorporare nella famiglia. Sono incredibilmente fedeli ai loro proprietari e tendono a essere molto diffidenti verso gli estranei.

Comunque, non tutti i Chihuahua sono aggressivi e potrebbero finire per tremare in un ambiente non familiare. Sono compagni molto piacevoli quando sei a casa a rilassarti. Alcuni di loro sono anche sorprendentemente intelligenti, una caratteristica per cui la razza non è comunemente nota.

Con radici saldamente piantate in Messico, non sorprende che il cane sia il simbolo nazionale del Paese. Molte imprese hanno utilizzato i Chihuahua come "cani portavoce" per le loro attività, con la catena di ristoranti Taco Bell tra le più famose. Ovviamente, la storia della razza è ricca e colorata, come ci si può aspettare da una delle razze canine più antiche delle Americhe.

Il Chihuahua tende a essere una delle razze più difficili da addestrare se inizi quando il cane è già adulto; quindi, potresti trovarti in difficoltà se non sei costante o se inizi quando il cucciolo è quasi adulto. La coerenza è incredibilmente importante con i Chihuahua. D'altra parte, sono una delle razze più facili per cui garantire un esercizio adeguato: con quelle zampette che si muovono rapidamente per stare al passo con le tue gambe, non devi passare molto tempo a portarli a passeggio. Sono anche una delle poche razze che gli esperti consigliano di tenere in casa quasi sempre. Se addestri e socializzi il tuo Chihuahua fin dall'inizio, avrai un eccellente piccolo compagno per un periodo che può arrivare fino a 20 anni.

CAPITOLO 1.
Compagni intrepidi e birichini – caratteristiche distintive

A guardare un Chihuahua, potresti pensare che non ci sia molto da vedere. In un certo senso, è vero: un Chihuahua sano e robusto raggiunge un peso massimo di 2,7 kg, ma quel piccolo corpo può racchiudere una personalità davvero straordinaria.

Poche razze hanno una gamma così diversificata di temperamenti e aspetti come il Chihuahua. Si presentano in una grande varietà di colori e motivi, con versioni sia a pelo corto che a pelo lungo. L'unico aspetto che rimane costante è che sono così minuscoli che puoi portarli in una borsa, proprio come fanno molti personaggi famosi.

*Foto di
Barbara Pendergrass
Rafina Chihuahuas*

Descrizione e caratteristiche distintive

L'aspetto più evidente del Chihuahua è sicuramente la sua taglia. I loro musi sono abbastanza uniformi, nonostante l'ampia gamma di colori e lunghezze del pelo. Con le zampette sottili e gli occhi enormi e spalancati, è impossibile confondere il Chihuahua con qualsiasi altra razza.

Aspetto

Guardando un Chihuahua, potresti pensare che la testa rappresenti circa un terzo o la metà dei 2,3 o 2,7 kg del cagnolino. La testa viene comunemente descritta come arrotondata, simile a una mela. Quegli occhi grandi sembrano occupare la maggior parte del muso, dandoti decisamente la sensazione che non riuscirai a nascondere molto al tuo Chihuahua. Le uniche parti più grandi degli occhi sono le orecchie, che tradizionalmente sporgono come antenne radar conferendo al cane un aspetto che lo fa sembrare in costante stato di allerta. Alcuni Chihuahua hanno orecchie che ricadono, ma la maggioranza ha le più comuni orecchie dritte che si alzano attente a ogni minimo rumore in casa.

I loro piccoli corpi assomigliano molto a quelli di un boxer o di un Alano ridotti a dimensioni da razza Toy. Possono essere incredibilmente muscolosi, soprattutto perché qualsiasi esercizio richiede da parte loro molto più lavoro per percorrere la stessa distanza che percorri tu. La loro camminata a passo rapido mette in imbarazzo i camminatori sportivi e può farti apprezzare quanto si siano adattati per diventare compagni degli umani.

Quando si parla di Chihuahua, la maggior parte delle persone immagina la razza a pelo corto, ma esiste anche una versione a pelo lungo. La forma e le dimensioni del corpo sono praticamente le stesse, ma il pelo aggiuntivo rende la versione a pelo lungo decisamente più elegante. La camminata rapida dei Chihuahua a pelo lungo fa ondeggiare e muovere il loro pelo in un modo che ricorda il movimento dei capelli di una persona in una decappottabile aperta. Il manto risulta anche molto più morbido.

La loro piccola statura ha lo svantaggio di renderli più fragili rispetto alla mag-

Chihuahua a pelo corto

gior parte delle altre razze canine. Non si dovrebbe mai permettere ai bambini di giocare in modo brusco con un Chihuahua, poiché il cane potrebbe facilmente farsi male. Sono molto più un cane da compagnia, che un compagno di giochi per bambini piccoli.

Temperamento

Il Chihuahua spesso sembra ignorare la sua piccola statura e può comportarsi con la sicurezza di un cane molto più grande. Gli esemplari più coraggiosi della razza, probabilmente un'ampia maggioranza, sono incredibilmente vocali. È una razza ideale per l'appartamento, ma avrai il tuo bel da fare nei primi giorni cercando di insegnare al tuo Chihuahua a non abbaiare a tutto. Questo significa che sarà un ottimo allarme e che sarà difficile per chiunque avvicinarsi a casa tua senza che il tuo cane te lo faccia sapere.

I Chihuahua tendono a essere o timidi o aggressivi. Sono inclini alla sindrome del cane di piccola taglia, se non vengono addestrati da cuccioli. Non è molto meglio se il tuo Chihuahua sviluppa una personalità all'altro estremo dello spettro e finisce per avere paura di tutto.

I Chihuahua a pelo lungo tendono ad avere un carattere più amichevole, il che li rende più propensi a essere rilassati in casa; tuttavia; non significa che non abbaieranno spesso o che non abbiano bisogno di socializzazione.

Quasi tutti i Chihuahua diventano incredibilmente leali verso la loro famiglia, amando le persone e gli animali della loro cerchia immediata. La razza tende a diffidare degli estranei, abbaiando o tremando durante le presentazioni a qualcuno di nuovo.

Sono decisamente cani da interno, forse la razza più casalinga dell'intero regno canino. La maggior parte degli allevatori consiglierà di tenere in casa tappetini o cassette per i bisogni proprio come fare-

Chihuahua a pelo lungo

sti con un gatto. A differenza di altre razze, non puoi mai mandare il tuo Chihuahua da solo fuori a fare i suoi bisogni e poi farlo rientrare perché sono facili prede per i predatori, compresi falchi e aquile. Questo ha reso la razza molto più adatta a rimanere in casa per 23,5 ore su 24. Anche quando il tuo cane esce, dovrai usare il guinzaglio per proteggere il piccolo. Questo spiega anche perché sono così protettivi nei confronti delle loro persone: stanno semplicemente ricambiando il favore, per quanto solitamente non si rendano conto delle loro dimensioni.

Il tuo Chihuahua probabilmente camminerà per strada osservando tutti e tutto, analizzando ogni elemento per determinare quanto possa rappresentare una minaccia. Quasi sicuramente, l'abbaiare sarà un aspetto da affrontare anche quando voi due non siete a casa, anche se puoi addestrare un Chihuahua a essere meno vocale durante le passeggiate se porti con te dei premietti. È sempre divertente vedere un Chihuahua che abbaia ferocemente a un Pastore Tedesco o a un Mastino. A prescindere dalla differenza di taglia, i cani più grandi tipicamente guardano il piccolo con confusione o si allontanano, non sapendo esattamente come reagire al piccolo animale. Questo tipo di incontri non farà altro che incoraggiare il tuo Chihuahua, motivo per cui vorrai addestrare il tuo cucciolo a essere più calmo durante le passeggiate invece di terrorizzare gli altri cani.

Un muso e una statura distintivi

Come accennato, la forma della testa di un Chihuahua è incredibilmente unica: ricorda più l'ispirazione per una testa aliena che quella di un cane. Le grandi orecchie aiutano il cane a sentire molti suoni (anche se non sono sensibili quanto le razze da lavoro come il Corgi), ai quali reagirà senza esitare. Può essere divertente sedersi e

Foto di
Joanna Elliker

guardare il tuo Chihuahua cercare di captare tutti i suoni con le sue grandi orecchie che si contraggono e si girano al minimo rumore. Questo movimento sarà tipicamente seguito da un'abbaiata e da corse in tondo, a meno che tu non addestri il tuo Chihuahua a non farlo.

Gli occhi sono probabilmente la loro caratteristica più evidente: grandi ed espressivi, conferiscono al Chihuahua uno sguardo di tristezza o di vigilanza che è molto difficile ignorare. Sanno anche come usare questo

Foto di
Susan Lamb

aspetto a loro vantaggio: quando stai mangiando, quegli occhi ti imploreranno di condividere, e tu dovrai fare di tutto per resistere.

Il Chihuahua è la razza di cani più piccola al mondo, e questo è il modo migliore per riassumere le loro caratteristiche. Sono incredibilmente piccoli; ciò comporta il dover adottare un approccio completamente diverso alla loro cura rispetto a quasi tutte le altre razze. Sono più fragili della maggior parte delle razze, e alcuni Chihuahua sono anche incredibilmente intelligenti. Devi trovare il giusto equilibrio per prenderti cura di loro senza viziarli, un'impresa che non è così facile come potresti immaginare.

Un'ampia gamma di potenziali personalità

Oltre ai vari colori del mantello, i Chihuahua hanno una gamma di personalità variegate: possono essere incredibilmente feroci, abbaiando costantemente ai cani che incontrano durante le passeggiate, oppure possono essere timidi e nervosi, qualcosa su cui devi attivamente lavorare per rimediare il più possibile, poiché non è certo sano per loro essere costantemente spaventati e tremanti. Possono anche essere estremamente amichevoli e vivaci, comportandosi come l'anima della festa invece che come piccoli terrori o codardi.

Gran parte della loro personalità dipenderà da come li addestri e li socializzi; altri aspetti della loro natura saranno direttamente collegati ai temperamenti dei loro genitori. Ecco perché è essenziale trascorrere molto tempo a parlare con un allevatore, se hai intenzione di prendere un cucciolo: sapere come erano i genitori ti dà modo di farti un'idea molto migliore del tipo di temperamento che avrà il tuo cucciolo. Se adotti un Chihuahua da un rifugio, preparati al fatto che il piccolo impiegherà del tempo per abituarsi a te prima che tu possa davvero vedere la sua personalità. Sono diffidenti per natura, e lo sono ancora di più quando vengono introdotti in un nuovo ambiente.

CAPITOLO 2.
Storia e caratteristiche della razza

Il Chihuahua potrà anche essere piccolo, ma possiede una delle storie più lunghe tra tutte le razze canine. È inoltre un cane originario delle Americhe, con l'America Centrale o Meridionale come suo più probabile luogo d'origine. Con una storia che risale a ben prima della storia documentata dei continenti, le sue origini sono avvolte da un fitto velo di mistero. È certo, tuttavia, che esiste da molto più tempo rispetto a molte delle razze popolari di oggi. Questo è solo uno dei tanti elementi che contribuisce al suo fascino.

Teorie sulle origini del Chihuahua

La storia di qualsiasi razza canina che risale a più di 1.000 anni è inevitabilmente avvolta nel mistero e nella leggenda, e il Chihuahua non fa eccezione. La carenza di documentazione per quanto riguarda la storia della razza ha portato a molte speculazioni, soprattutto perché la sua popolarità non sembra mai diminuire. Con solo poche altre razze canine che vantano storie così lunghe (come il Corgi e i Levrieri), conoscere il Chihuahua può darti molto su cui riflettere e da approfondire, se sei interessato. Questo capitolo espone solo un piccolo assaggio della vasta storia e delle speculazioni che circondano questa minuscola razza canina.

La teoria del Techichi

Una delle teo-
rie più probabili sul
Chihuahua è che sia
un lontano discenden-
te del Techichi, un cane
di piccola taglia che fa-
ceva da compagno alle
civiltà mesoamericane.
Probabilmente, i Te-
chichi erano compagni
delle tribù native ame-
ricane presenti nell'A-
merica Centrale e nella
parte meridionale del
Nord America. Il Techi-
chi era un po' più gran-
de del Chihuahua, con
un peso stimato tra i
4,5 e i 9 kg. Nel corso
del tempo, potrebbero
essersi evoluti diven-

Foto di Rayne Music

tando più piccoli, perdendo il pelo lungo nel clima caldo. A differenza
del Chihuahua, un noto abbaiatore, si pensa che il Techichi fosse muto. Il
Chihuahua a pelo lungo sembra essere quello più simile al Techichi, anche se è grande circa la metà rispetto a quest'ultimo.

Discendenti europei

Alcuni pensano che il Chihuahua possa avere avuto origine in Eu-
ropa, nel piccolo Paese di Malta. Situata appena a sud dell'Italia, Malta
ha una razza canina unica, di statura piuttosto piccola, chiamata Maltese. L'insolita fontanella non sviluppata del cane Maltese è presente anche nel Chihuahua, una caratteristica non comune nei cani (anche se gli
umani nascono con un punto molle simile). Le persone che credono a
questa teoria nominano spesso un affresco, dipinto durante il Rinasci-
mento, che includeva un cane molto simile al Chihuahua: l'opera, dipinta
da Sandro Botticelli, era stata completata 10 anni prima del primo viaggio di Colombo attraverso l'oceano, motivo per cui la raffigurazione del
cane non fu sicuramente influenzata da nessuna razza proveniente dalle
Americhe, come il Techichi.

Civiltà antiche

Qualunque sia la discendenza, il Chihuahua, o Techichi, esiste da molto tempo. La razza è certamente apparsa nell'arte e nei reperti di molte antiche civiltà mesoamericane.

I Maya e i Toltechi

Ci sono prove che il Techichi facesse parte delle civiltà Maya o dei Toltechi e che una di queste popolazioni sia stata la prima ad addomesticarlo; tuttavia, è difficile determinare esattamente quando il Techichi iniziò a vivere accanto agli umani perché la civiltà Maya finì intorno al 900 d.C., mentre la civiltà Tolteca era nelle prime fasi di sviluppo. I Maya credevano che i cani avessero un ruolo nell'aldilà, motivo per cui venivano inclusi nelle cerimonie funebri. Si ritiene che i Techichi venissero sacrificati e mummificati quando i loro umani morivano, in modo che potessero unirsi ai loro umani nell'aldilà. Questo certamente sembra mostrare una mancanza di considerazione per la vita del cane secondo il nostro modo di pensare oggi, ma i cani avevano un ruolo importante nella vita delle persone durante questo periodo precedente, le quali pensavano che l'aldilà non sarebbe stato completo senza i loro fedeli compagni.

I cani erano anche inclusi nella ceramica e nell'arte, con alcuni manufatti che raffigurano cani datati intorno al 300 a.C. Alcuni dei cani nelle opere rinvenute sembravano molto simili al Chihuahua. Una delle opere più interessanti trovate tra rovine Maya risale a circa 1.200 anni fa e raffigura una donna che tiene un bambino in un braccio e un cane nell'altro; il cane assomiglia molto a una versione più grande del Chihuahua moderno.

Gli Aztechi e l'arrivo degli europei

La civiltà Tolteca era in declino, quando gli Aztechi iniziarono la loro ascesa al potere. Nel 1325 d.C., gli Aztechi avevano già stabilito la capitale dove i conquistadores spagnoli sarebbero poi arrivati, Tenochtitlán. Gli Aztechi avevano grande rispetto per la civiltà in declino dei Toltechi, motivo per cui copiarono molte delle cerimonie della precedente civiltà. Il sacrificio del Techichi fu incluso tra le altre cerimonie che gli Aztechi adottarono.

Con l'arrivo di Hernán Cortés il Techichi sembrò quasi scomparire, proprio come gli Aztechi sotto gli attacchi dei conquistadores. È proba-

*Foto di
Joanna Elliker*

bile che i Techichi sopravvissuti siano stati incrociati con altri cani, con il Chinese Crested spesso suggerito tra i più possibili (ha un aspetto simile al Chihuahua). Questa teoria si basa sull'arrivo di esploratori cinesi nelle Americhe prima degli spagnoli, il che non è troppo inverosimile. L'altra possibile razza che potrebbe essersi incrociata con il Techichi per creare il Chihuahua è lo Xoloitzcuintle, più comunemente chiamato Xolo, un altro cane senza pelo che è ancora presente in Messico. Si pensa che lo Xolo sia una razza con diverse migliaia di anni di storia alle spalle. È anche possibile che il Chihuahua sia il risultato dell'incrocio con diversi altri tipi di cani attualmente non conosciuti. Le ricerche sul DNA attualmente in corso hanno iniziato a produrre alcuni risultati interessanti per aiutare a capire come questa razza sia venuta a esistere.

Una storia messicana unica

Chihuahua è uno Stato del Messico settentrionale che confina con gli Stati statunitensi di Texas e New Mexico. Ironicamente, Chihuahua è lo Stato messicano più grande, oltre a essere il luogo dove la minuscola razza che oggi porta il suo nome fu identificata per la prima volta durante il 1800. I mercanti iniziarono a guadagnare vendendo questi piccoli cani unici ai turisti, che potevano poi portarli facilmente a casa. È così che la razza ha ottenuto il suo nome: non essendo riconosciuta prima di questo periodo, il nome del luogo fu adottato da coloro che spiegavano dove avevano acquisito i loro piccoli compagni.

Personalità da vendere

I Chihuahua non sono facili da definire in termini di personalità perché, per una razza così antica, presentano una grande varietà di caratteri. A differenza di razze come i Retriever e i Levrieri, che hanno personalità abbastanza prevedibili, i Chihuahua sono noti per presentare diversi tipi di personalità. Alcuni possono essere incredibilmente aggressivi, il che è di per sé piuttosto divertente quando cercano di affrontare animali e persone molto più grandi di loro; altri sembrano avere paura della propria ombra e tremano e rabbrividiscono quando sei di cattivo umore o li porti in un ambiente diverso. Altri ancora si comportano come compagni incredibilmente amichevoli e attenti, cercando solo di divertirsi e giocare con i loro umani.

Iniziando con un cucciolo, potrai contribuire a plasmare la personalità del tuo Chihuahua; se prendi un cane più anziano, dovrai lavorare con una personalità già formata e ci vorrà del tempo prima che il cane si abitui a te e alla famiglia. Tuttavia, una volta che il cane si sarà abituato a te, sarà molto più facile apprezzare qualunque personalità sia già presente. A volte è più piacevole conoscere il tuo cane adulto che addestrare un cucciolo dall'inizio, e spesso è meno faticoso.

CAPITOLO 3.
La casa ideale

«Assicurati di comprendere bene la razza e valuta se il Chihuahua è adatto a te e alla tua famiglia. Il fatto che siano piccoli e carini non significa che siano giusti per te».

Kathy Golden
Kactus Kathy's Chihuahuas

Foto di
Kayleigh Denyer

Essendo cani così piccoli, questi minuscoli amici si adattano perfettamente a qualsiasi tipo di casa, in particolare agli appartamenti, dato che non necessitano di alcun giardino. Naturalmente, l'addestramento è assolutamente essenziale per evitare che il tuo piccolo cane sia terrorizzato o eccessivamente vocale se vivi in un appartamento: ricorda che abbaiano, e parecchio. Se organizzi correttamente la tua casa, non dovresti riscontrare problemi significativi nell'allevare e prenderti cura del tuo cane. Possono essere molto intelligenti, anche se quelli più svegli tendono a essere piuttosto testardi.

I Chihuahua sopportano abbastanza bene il caldo, ma non riescono a tollerare il freddo: iniziano a tremare quando sono infreddoliti, motivo per cui molte persone fanno scorta di piccoli maglioni o cappottini per i loro cani. Finché mantieni le loro zone vitali abbastanza calde, il loro essere freddolosi non dovrebbe rappresentare un problema.

*Foto di
Emma Prince*

L'ambiente migliore

Le case più piccole tendono a essere l'ideale per loro, ma finché il tuo Chihuahua può stare con te, le dimensioni della tua abitazione non sono importanti. Dovrai assicurarti di creare luoghi dove il tuo Chihuahua possa fare i suoi bisogni, dato che non potrai mandarlo fuori da solo a causa dei predatori; tuttavia, grazie alle loro dimensioni ridotte, trovare un paio di aree designate per i bisogni in casa è abbastanza semplice. Più piccolo è lo spazio a tua disposizione, meno aree designate ti serviranno.

Un canino compatto per qualsiasi casa

L'interesse principale di un Chihuahua è stare vicino a te come un'ombra a mezzogiorno. Probabilmente ti seguirà per tutta la casa, quindi se hai un'abitazione più grande, è possibile che non dovrai uscire molto per far fare esercizio al tuo piccolo amico. Anche se vivi in un appartamento, sarà comunque un bel lavoro per il tuo cane girare per tutta la tua casa.

Con una lunga serie di personaggi famosi fotografati mentre portano i loro Chihuahua nelle borse o nei sacchetti, non esiste davvero uno

spazio troppo piccolo o troppo grande per un Chihuahua. Si attacche-
ranno a te un po' come un giocattolo vivente: questo è ciò che li ha resi
così popolari agli inizi e il motivo per cui hanno mantenuto questa popolarità. In ogni caso, non è consigliabile portare alcun cane in qualsiasi tipo di borsa o trasportino, poiché questo lo vizierà il cane: lascia che
il tuo minuscolo amico si muova con le proprie forze, stancandosi e aiu-
tandolo a stabilire una relazione sana che gli faccia capire dove si trova
nella gerarchia.

Dovrai sempre fare attenzione al tuo Chihuahua: quei piccoli corpi
sono decisamente fragili; quindi, non potrai mai giocare in modo brusco con il tuo Chihuahua. Potresti anche voler mettere in sicurezza la tua
casa, specialmente in caso di cuccioli che potrebbero eccitarsi troppo e
correre in giro: insegnare loro come comportarsi sarà importante, ma
puoi certamente rendere la loro casa molto più sicura.

Un avvertimento su aggressività, abbaiare e viziare

Uno dei problemi più grandi con i Chihuahua è che sono notoriamente abbaiatori fastidiosi. Linda Jangula di *Chihuahuas Wee Love* avverte: «Uno dei comportamenti più indesiderati è l'abbaiare aggressivo con
cui alcuni proprietari hanno a che fare regolarmente. Questo può essere
un problema soprattutto quando qualcuno suona il campanello».

Un Chihuahua non addestrato correttamente può essere decisamente sgradevole quando arrivano estranei. Mostrare i denti e mordere le persone non è insolito per cani che sono eccessivamente viziati.

Dovrai assicurarti che il tuo cane diventi un ottimo compagno, invece di un piccolo dittatore in casa tua. Non vuoi un cane che si senta
privilegiato.

Potrebbe venirti naturale trattare il tuo Chihuahua come un bambino:
non cedere a questa tentazione.

Superfici del pavimento

A causa delle loro dimensioni minuscole, se un Chihuahua prende
velocità e corre su pavimenti duri, non avrà modo di fermarsi prima di
sbattere contro qualcosa. Sebbene questo sia sicuramente negativo per
qualsiasi cane, i Chihuahua non sono resistenti quanto i cani più grandi
o anche molti altri cani piccoli.

Proteggi il tuo Chihuahua facendo ciò che dovresti fare per qualsiasi cane: copri i pavimenti duri. Che tu abbia pavimenti in legno, vinile,
piastrelle o altro, posiziona tappeti o tappetini speciali per evitare che il
tuo Chihuahua si faccia male. Potresti anche vietare al tuo Chihuahua di

entrare in queste aree, specialmente nel garage e in cucina. Non vuoi inciampare sul piccolo: stabilire regole e tenere il tuo cucciolo fuori dai piedi in certe aree della casa può proteggere sia te che il tuo cane.

Una razza diffidente che preferisce la famiglia

I Chihuahua non amano le persone che non conoscono. In genere, non si sentono a loro agio con gli estranei a meno che non siano stati costantemente esposti a nuove persone durante il primo anno di vita. Se vivi in un condominio, per ridurre al minimo l'abbaiare vorrai convincere il tuo Chihuahua che le persone nell'edificio non sono una minaccia. Se vivi in una casa indipendente, scoprirai che sono molto vocali riguardo a qualsiasi rumore sentano all'esterno.

In caso di estranei dentro casa, il tuo Chihuahua lancerà loro occhiate diffidenti e farà sapere ai tuoi ospiti che anche se tu sei a tuo agio con la loro presenza, lui è sospettoso. Questo può essere particolarmente

Foto di Sara Storey

difficile durante ristrutturazioni e feste. Per questi momenti, crea uno spazio sicuro dove il tuo Chihuahua possa rifugiarsi, così che lui si senta più a suo agio e i tuoi ospiti non si sentano così a disagio. La soluzione migliore è socializzare correttamente il tuo Chihuahua in modo che la presenza di altre persone non sia un problema, ma questo non è sempre possibile. Anche un Chihuahua ben socializzato può diventare sospettoso con l'età. Pianifica come gestire il tuo Chihuahua quando hai ospiti per ridurre la tensione.

Stile di vita ideale

I Chihuahua sono piccoli e carini, ma non sono assolutamente giocattoli e non si adattano bene a ogni stile di vita. I bambini piccoli non sono sempre adatti perché possono accidentalmente far male al cane, ma i Chihuahua sono cani fantastici per bambini più grandi, adolescenti e adulti. Sorprendentemente, vanno molto d'accordo anche con i gatti, mentre i cani più grandi potrebbero rappresentare un problema per questo cane con la sindrome di Napoleone.

Punti di forza

I Chihuahua sono ottimi allarmi. Con le loro grandi orecchie e la naturale diffidenza, quando porterai a casa il tuo cane o il tuo cucciolo sarà adulto, sarà come aver installato il tuo piccolo sistema d'allarme personale. Sono anche ottimi compagni di viaggio, perché le loro dimensioni fanno sì che siano benvenuti in molti più posti rispetto ai cani più grandi.

Possono anche essere addestrati a fare molti trucchi interessanti, se hai il tempo e la pazienza per insegnarglielo. Un Chihuahua ben socializzato che fa trucchi è facilmente uno dei modi migliori per intrattenere gli ospiti e interagire con il tuo piccolo compagno.

Infine, sono tra i cani più facili per cui soddisfare i requisiti di esercizio. Se hai un programma intenso, avere due Chihuahua a casa ti permetterà di fare una passeggiata veloce dopo aver finito il lavoro della giornata e fare una breve pausa per uscire e sgranchire le gambe per un po'.

Benefici comuni dell'esercizio

Come accennato, questa è una razza le cui esigenze di esercizio sono incredibilmente facili da soddisfare: una o due passeggiate di 15 minuti al giorno è tutto ciò di cui avranno bisogno. Non potrai lasciarli uscire da soli per fare i loro bisogni, quindi è una preoccupazione in meno. Se piove, puoi semplicemente giocare con loro per 15 minuti un paio di volte nell'arco della giornata e saranno perfettamente contenti.

Dovrai fare molta attenzione all'alimentazione: è estremamente facile sovralimentare un Chihuahua; quindi, assicurati che tu e tutti in famiglia seguiate la dieta raccomandata e non lasciate che quei grandi occhi vi ingannino, facendovi pensare che il vostro cane abbia bisogno di più cibo.

Attenzione alla solitudine e alla noia

I Chihuahua non sono il tipo di cane che ama la solitudine. È fortemente consigliato avere almeno un altro cane, preferibilmente un altro Chihuahua, in modo che il tuo piccolo cucciolo non sia mai solo. A seconda della personalità, essere lasciati soli può essere incredibilmente spaventoso o provocare rabbia: nessuna di queste emozioni porta a un buon comportamento.

Non sono grandi studenti – l'addestramento potrebbe essere difficile

Alcuni Chihuahua sono molto intelligenti, ma tendono anche a essere piuttosto testardi (un problema comune con molti cani intelligenti). Quelli che non sono così intelligenti, beh, saranno difficili da addestrare comunque. Non c'è un'opinione unanime sull'intelletto del Chihuahua, ma molti allevatori ti diranno che se non adotti un approccio molto fermo e coerente dall'inizio, il tuo cane potrebbe diventare un po' problematico in seguito.

Foto di
Deborah Butterworth

Indipendentemente da quanto sia intelligente il tuo cane, l'addestramento richiederà un bel po' di tempo. Dovrai essere molto paziente o assumere un addestratore che ti aiuti a insegnare al tuo cane.

Un piccolo cane che ama la famiglia e altri Chihuahua

Potrebbero non essere i cani più amichevoli, ma i Chihuahua amano assolutamente le loro persone: vogliono praticamente stare con te tutto il tempo e saranno perfettamente felici accoccolati al tuo fianco. Questo li rende ottimi per gli adulti perché richiedono poca manutenzione (una volta che sono addestrati correttamente). Hanno anche una durata di vita incredibilmente lunga, il che significa che quando sono ben socializzati e addestrati possono rimanere con te, tenendoti le ginocchia calde e le mani felicemente occupate, fino a due decenni.

Se c'è una cosa che i Chihuahua amano, sono gli altri Chihuahua. Per assicurarti che il tuo piccolo compagno non si senta solo, non puoi sbagliare portando un altro Chihuahua nella tua casa. Con un cane così piccolo, averne più di uno non è molto diverso dall'avere un cane di taglia media o grande per quanto riguarda la maggior parte delle spese. Due o più Chihuahua saranno in grado di tenersi compagnia a vicenda, alleviando qualsiasi paura o inquietudine che potrebbero altrimenti provare.

CAPITOLO 4.
Trovare il tuo Chihuahua

Il processo di ricerca del tuo Chihuahua sarà tanto emozionante quanto impegnativo. Dovrai decidere se iniziare con un cucciolo (con tutto l'addestramento che comporta) o adottare un cane adulto che potrebbe avere qualche problema, ma può essere educato (in genere richiede meno tempo, ma molta più pazienza). In ogni caso, il Chihuahua che porterai a casa molto probabilmente resterà con te per lungo tempo, quindi potrai addestrare il tuo amico a quattro zampe affinché diventi ciò che desideri.

È inoltre fortemente consigliato avere almeno due Chihuahua, poiché renderà più facile lasciare il tuo piccolo amico a casa. Non è necessario prendere due cuccioli contemporaneamente, ma potresti inizia-

Foto di Susan Davies

re a pensare di adottarne un secondo se l'addestramento con il primo procede bene.

Adottare da un allevatore

Nonostante il Chihuahua sia una razza pura e per di più molto piccola, è sorprendentemente sano, anche se ciò non significa che non esistano problemi di salute genetici associati alla razza. Esistono diversi test e certificazioni raccomandati per garantire che un Chihuahua sia in buona salute. Se i genitori non presentano questi problemi genetici, la probabilità che i cuccioli sviluppino tali problematiche è significativamente ridotta.

Prima di iniziare la tua ricerca, dovresti sapere che trovare un buon allevatore è solo l'inizio di un lungo processo. Barbara Pendergrass di *Rafina Chihuahuas* consiglia: "Preparati ad aspettare. Le cucciolate di Chihuahua sono piccole, a volte solo uno o due cuccioli". Gli allevatori seri non affretteranno la madre verso la cucciolata successiva perché questo sarebbe molto dannoso per la sua salute. Ci sono molti Chihuahua disponibili nei rifugi e nei canili; quindi, se non vuoi aspettare per un cucciolo puoi considerare l'adozione di un Chihuahua adulto. Tieni presente che, optando per questa strada, potresti dover affrontare alcuni problemi comportamentali.

Una volta deciso che preferisci aspettare e lavorare con un cucciolo, puoi iniziare a cercare un ottimo allevatore: questo ti darà tutto il tempo necessario per prepararti all'arrivo del tuo piccolo amico.

Trovare un allevatore

Uno dei compiti più importanti e potenzialmente più lunghi, quando decidi di iniziare con un cucciolo, è trovare un buon allevatore. Data la popolarità del Chihuahua, esistono numerosi allevamenti intensivi e allevatori poco seri interessati solo al profitto, invece che alla cura dei cani e dei cuccioli. Non vuoi adottare da un allevatore che non si prende adeguatamente cura dei cani: non solo è poco etico, ma aumenta la probabilità che il tuo cane abbia seri problemi di salute e potenzialmente anche problemi comportamentali. Pianifica di dedicare diverse ore nell'arco di vari giorni alla ricerca dell'allevatore giusto. Ricorda che dovrai comunque aspettare anche se scegli un allevatore in un solo giorno; quindi, tanto vale prenderti il tempo necessario per trovare un allevatore di cui ti puoi fidare.

Metti da parte tra i 30 minuti e un'ora per parlare con gli allevatori che stai considerando. Le seguenti sono alcune domande importanti che ti aiuteranno a determinare quanto sia valido l'allevatore e quali siano le

Foto di
Emma Prince

sue priorità. Se non sono disposti a dedicarti del tempo per parlare, cancellali dalla lista. Se dicono di essere occupati e propongono di parlare in un altro momento, assicurati di riservare del tempo per chiamarli quando sono disponibili. Dopotutto, si stanno prendendo cura dei cani, ed è un'attività che richiede molto tempo.

Ecco alcune domande da porre agli allevatori sulla tua lista.

Chiedi informazioni sui test sanitari e le certificazioni che hanno per i loro cuccioli. Questi punti sono dettagliati ulteriormente nella prossima sezione, quindi assicurati di verificare i test e le certificazioni disponibili per ogni allevatore. Se non hanno tutti i test e le certificazioni, puoi anche escluderli dalla tua lista: i buoni allevatori non solo coprono tutti questi punti, ma offrono anche una garanzia contro i problemi genetici più dannosi.

Assicurati che l'allevatore si occupi sempre di tutti i requisiti sanitari iniziali nelle prime settimane fino ai primi mesi, in particolare per quanto riguarda i vaccini necessari. I cuccioli richiedono che determinate procedure vengano avviate prima di lasciare la madre per garantire che siano in buona salute. Le vaccinazioni e la sverminazione iniziano tipicamente intorno alle sei settimane dopo la nascita dei cuccioli, poi le relative procedure devono essere continuate ogni tre settimane. Quando il tuo cucciolo sarà abbastanza grande da venire a casa con te, dovrà essere già ben avviato o addirittura aver completato le prime fasi di queste importanti cure sanitarie.

Scopri se l'allevatore fa parte di un'organizzazione o gruppo di Chihuahua. Su internet potrai trovare un elenco dei più noti a livello nazionale e regionale.

Chiedi informazioni sulle prime fasi della vita del tuo cucciolo, come ad esempio come l'allevatore pianifica di prendersi cura del cucciolo durante quei primi mesi. L'allevatore dovrebbe essere in grado di fornire molti dettagli e dovrebbe farlo senza sembrare infastidito dal fatto che tu vuoi sapere. Ti farà anche sapere quanto addestramento puoi aspettarti che il cucciolo riceva prima di arrivare a casa tua, così potrai pianificare di prendere il controllo già dal primo giorno. È possibile che l'allevatore inizi l'addestramento alla pulizia (nel qual caso, sarai molto fortunato se potrai entrare nella loro lista d'attesa). Vorrai anche scoprire se può fornire informazioni su come si stanno comportando i cuccioli e quanto velocemente hanno appreso l'addestramento, così da poter riprendere da ha lasciato una volta che il tuo cucciolo di Chihuahua arriva a casa tua.

Verifica che tipo di consigli l'allevatore dà sull'allevamento del cucciolo. Dovrebbe essere più che felice di aiutarti a fare ciò che è meglio per il tuo cane perché vorrà che il cucciolo viva una vita felice e sana anche dopo aver lasciato la sua casa. Vuoi un allevatore premuroso che sia più interessato alla salute dei cuccioli che ai soldi che guadagna. Sì, potresti finire per pagare una somma considerevole per il tuo piccolo amico, ma dovresti anche ricevere raccomandazioni, consigli e suggerimenti di cura aggiuntivi dopo l'arrivo del cucciolo a casa tua. Gli allevatori che mostrano molto interesse per il benessere del cane e sono disposti a rispondere alle domande durante tutta la vita del cane sono probabilmente quelli che allevano cuccioli sani.

Quante cucciolate gestiscono all'anno? Quante coppie di genitori possiedono? Hanno un programma di alimentazione regolare a cui i cuccioli saranno abituati quando lasceranno la loro prima casa? I cuccioli possono richiedere molto tempo e attenzione; la madre dovrebbe avere del tempo di riposo tra le gravidanze. Informati sulle operazioni standard dell'allevatore per scoprire se si sta prendendo cura dei genitori e li sta trattando come preziosi membri della famiglia e non semplicemente come un modo per fare soldi.

Test sanitari e certificazioni

I Chihuahua sono una razza sorprendentemente sana, quando si tratta della loro genetica. Dovrai sicuramente fare molta attenzione con loro perché sono fragili, ma questo è legato più alla loro taglia che alla genetica. Tuttavia, cio non significa che siano completamente esenti da problemi.

Per iniziare, devi sapere quali tipi di problemi di salute tendono ad avere i Chihuahua. I seguenti sono i test sanitari raccomandati per garantire che il tuo cucciolo abbia il miglior inizio possibile:

- Esame cardiaco
- Valutazione oftalmologica
- Valutazione della lussazione della rotula

I Chihuahua anche denti notoriamente problematici, cosa che potrai percepire abbastanza presto dall'odore. Non sono richiesti test specifici per questo problema, ma dovresti chiedere informazioni sui denti dei genitori e vedere che tipo di regime gli allevatori seguono per prendersi cura dei denti dei cani. Questo può aiutarti a curare meglio i denti del tuo cucciolo.

Contratti e garanzie

Le razze consolidate come il Chihuahua hanno abbastanza dati su di loro che gli allevatori dovrebbero sentirsi a loro agio nel garantire la sa-

*Foto di
Joanna Elliker*

lute dei loro cuccioli. Ancora più importante, potrebbero (o forse dovrebbero) avere qualche garanzia da parte tua che ti prenderai cura del tuo cucciolo, il che significa firmare un contratto con l'allevatore. I contratti e le garanzie sono una protezione per i cuccioli, sia perché dimostrano che sono sani, sia perché ti proteggono proprio nel caso in cui un cucciolo non sia sano.

Se un allevatore ti chiede di firmare un contratto, prima di farlo assicurati di leggerlo completamente e di essere disposto a soddisfare tutti i requisiti elencati. I contratti tendono a essere abbastanza facili da capire e rispettare, ma dovresti essere consapevole di tutti i fatti prima di accettare qualsiasi cosa. Oltre a versare i soldi per il cucciolo, firmare il contratto significa che intendi prenderti cura del cucciolo al meglio delle tue capacità, soddisfacendo i requisiti minimi stabiliti dall'allevatore. Poiché il contratto si concentra sul tuo comportamento nel prenderti cura del tuo cane, è un buon segno che l'allevatore voglia verificare che tu sia serio nel prenderti cura del tuo cucciolo. È possibile che il contratto preveda che l'allevatore conservi i documenti di registrazione del cucciolo, anche se potrai ottenerne una copia.

La garanzia stabilisce quali condizioni di salute l'allevatore garantisce per i suoi cuccioli. Questo in genere include dettagli sulla salute del cane e raccomandazioni sui prossimi passi della cura del cucciolo una volta lasciata la casa dell'allevatore. Le garanzie possono anche fornire programmi per garantire che l'assistenza sanitaria iniziata dall'allevatore sia portata avanti dal nuovo proprietario del cucciolo e prevedere che, nel caso in cui venga riscontrato successivamente un grave problema di salute, il cucciolo debba essere restituito all'allevatore. Il contratto spiegherà anche cosa non è garantito. La garanzia tende a essere molto lunga (a volte più lunga del contratto), e dovresti leggerla attentamente prima di firmarla. Le garanzie sono abbastanza comuni con i Chihuahua a causa dell'antichità della razza e stabiliscono cosa l'allevatore sta garantendo con il tuo nuovo cane. Questo di solito include informazioni sulla salute del cane e raccomandazioni su quali dovrebbero essere i prossimi passi del proprietario. Ad esempio, potrebbe raccomandare di portare il cucciolo dal veterinario entro due giorni dall'arrivo a casa tua per assicurarti che il cane sia sano. Nel caso in cui venga riscontrato un grave problema di salute, il cucciolo dovrà essere restituito all'allevatore. La garanzia specificherà anche cosa non è garantito.

Oltre al prezzo per l'acquisto del tuo cane, i contratti per i Chihuahua garantiscono un certo comportamento da parte del nuovo proprietario umano di un cucciolo di Chihuahua. Il contratto può anche contenere requisiti di denominazione, dettagli sulla salute e una clausola su cosa accadrà se non potrai più prenderti cura del cane (di solito il cane torna all'allevatore). Includono anche informazioni su cosa accadrà se sei negligente o maltratti il tuo cane.

Genetica del cucciolo: i genitori

Con la genetica che gioca un ruolo abbastanza importante nella personalità e nella salute del tuo cucciolo, devi sapere il più possibile sui genitori prima che il cucciolo arrivi. I buoni allevatori mantengono storie dettagliate dei loro cani da riproduzione perché sanno quanto sia importante registrare questi dati. Gli allevatori che fanno parte di un'organizzazione ufficiale di Chihuahua sono tenuti a mantenere informazioni dettagliate; quindi, sai che questi allevatori sono seri nel prendersi cura dei loro cani. Esamina le storie dei genitori per scoprire cosa aspettarti dal tuo cucciolo, soprattutto in termini di personalità. Presta particolare attenzione a tratti, temperamento, abilità, attaccamento e qualsiasi altro tratto di personalità che consideri importante.

Naturalmente, questo potrebbe essere un processo incredibilmente lungo, ma ti aiuterà a conoscere la personalità del tuo cucciolo. Il tempo dedicato allo studio e alla pianificazione è senz'altro ben speso, perché ti aiuterà a plasmare il tuo Chihuahua affinché diventi un piccolo compagno straordinario per te e la tua famiglia.

Più conosci i genitori, meglio sarai preparato per il tuo cucciolo. I grandi allevatori spesso pubblicano sui loro siti web storie e dettagli sui genitori in modo che tu possa leggerli a tuo piacimento, oltre a farti un'idea dell'allevatore.

Scegliere il tuo cucciolo

Vorrai avere un'immagine chiara del tuo cucciolo, prima di portare a casa il nuovo membro della famiglia: verifica se l'allevatore è disposto a fornire video e foto in modo che tu possa controllare il tuo cucciolo dopo la nascita e durante le prime settimane di vita. Vorrai anche ottenere tutti i dati sulle visite veterinarie e i vaccini del tuo cane.

Scegliere un cucciolo di Chihuahua è come scegliere qualsiasi tipo di cucciolo: molto dipende interamente da te e da ciò che desideri in un cane. L'esperienza può essere molto divertente, piacevole e, in ultima analisi, molto difficile. Per quanto il processo sia divertente, devi essere attento e serio in modo da non essere influenzato da tratti che potresti trovare fastidiosi in seguito.

Mentre osservi i cuccioli, nota il modo in cui ogni cucciolo gioca con gli altri: questo è un ottimo indicatore di come il tuo cucciolo reagirà con qualsiasi animale domestico che hai già a casa.

Foto di
Elisha Jade Swanson

Devi anche guardare i cuccioli nel loro insieme. Se noti che la maggior parte dei cuccioli mostra un comportamento aggressivo o sembra tendere a essere diffidente, potresti non voler selezionare un cucciolo da quella cucciolata. Allo stesso modo, se i cuccioli sembrano essere terrorizzati da te, mostrando comportamenti come tenere le code nascoste o ritirandosi, questo è un'indicazione del tipo di problemi che potresti incontrare con il tuo cucciolo e l'addestramento. Ciò che vuoi è una cucciolata piena di cuccioli amichevoli, anche se non iniziano a salutarti immediatamente. A volte, vogliono solo giocare con i loro fratelli o capire cosa sta succedendo prima di riconoscere la tua presenza.

Successivamente, nota se c'è almeno un cucciolo che sembra molto ansioso di incontrarti. Molte persone lo prendono come un segno che il cucciolo è quello giusto per la loro famiglia, ma non è sempre così. Tieni presente che il cucciolo o i cuccioli che ti salutano sono più intraprendenti ed esigenti rispetto a quelli che si siedono e analizzano prima la situazione. I cuccioli che si tengono indietro potrebbero avere paura o, più probabilmente, vogliono solo capire la situazione prima di farsi coinvolgere. Non sono i tipi alfa come i loro fratelli più entusiasti: sono i cuccioli più pazienti e docili, quelli che potrebbero essere più facili da addestrare.

Scegli il cucciolo che mostra i tratti di personalità che desideri nel tuo cane: se vuoi un cane intraprendente, amichevole ed eccitabile, il primo cucciolo a salutarti può essere quello che cerchi. Se vuoi un cane che rifletta sulle cose e lasci che gli altri ricevano più attenzione, allora un cane più tranquillo potrebbe essere migliore per la tua casa.

Fai attenzione alle personalità dei genitori

Con qualsiasi razza che ha un'ampia gamma di potenziali personalità, devi vedere i genitori per farti un'idea di come sarà la personalità del tuo cucciolo. Non tutti i cuccioli finiscono per essere come i loro genitori (proprio come con le persone), ma spesso mostrano personalità simili. Se vuoi che il tuo cucciolo abbia una particolare personalità, cerca genitori che abbiano quei tratti.

Dovresti sempre incontrare i genitori dei cuccioli: un buon allevatore sarà sempre disposto a lasciarti accedere ai suoi cani perché è interessato a garantire che i cuccioli vadano in buone case; mostrare interesse per i genitori dimostra che stai pensando al futuro del cucciolo.

Linda Jangula di *Chihuahuas Wee Love* lo esprime bene: "Non dovrebbe esserci alcun problema per un allevatore legittimo nel mostrare uno o entrambi i genitori nella struttura. Fai domande su eventuali comportamenti evidenti di cui dovresti essere consapevole."

Tieni presente che alcuni Chihuahua potrebbero aver avuto brutti trascorsi con gli umani o potrebbero non essere stati adeguatamente addestrati. Se l'allevatore ha adottato un cane con una storia meno che felice, la sua personalità potrebbe non riflettere la personalità che il tuo cucciolo avrà. Se i genitori non sono stati ben addestrati, è qualcosa a cui puoi rimediare, ma dovrai dedicare più tempo a scoprire come i cuccioli saranno gestiti dopo la nascita. Potresti partire un po' più indietro rispetto a un allevatore che si prende il tempo di iniziare ad addestrare i cuccioli alla pulizia: questo non significa che ci sarà un problema con un cucciolo, poiché lo prenderai abbastanza presto per addestrarlo, ma vuol dire solo che dovrai fare un po' di lavoro in più. Fortunatamente, con la loro taglia, questo non è un grande problema.

Adottare un cane adulto

Un Chihuahua adulto potrebbe essere un punto di partenza molto più facile, a seconda di quanto addestramento il cane ha ricevuto e di quali tipi di esperienze di vita ha avuto. I Chihuahua tendono a essere meno ben educati alla pulizia perché le persone hanno la pessima abitudine di viziarli, invece di addestrarli correttamente. Questo non significa che tutti i cani adulti siano propensi a fare i bisogni in giro per casa: proprio come faresti per un cucciolo, starà a te educare il tuo Chihuahua sulle aspettative che hai nei suoi confronti.

Ci sarà sicuramente anche un periodo di ambientamento, quindi vorrai avere una buona idea di come il cane più anziano reagirà alle nuove situazioni prima di portarlo a casa. Questo ti aiuterà a prepararti per ciò che devi fare, come ricercare come correggere comportamenti indesiderati o aiutare il tuo nuovo cane a sentirsi a suo agio nella tua casa.

Puoi cercare Chihuahua da adottare nei rifugi, nei siti di associazioni di recupero e persino dagli allevatori. Se una persona viene trovata in violazione del contratto con un allevatore, l'allevatore riprenderà il Chihuahua e scegliere di vendere nuovamente il cucciolo o il cane giovane dopo un po' di tempo. In alcuni casi, le persone potrebbero non essere in grado di continuare a prendersi cura del loro Chihuahua e potrebbero restituirlo all'allevatore. Gli allevatori sapranno come lavorare con i cani restituiti, quindi potresti non avere troppo lavoro da fare con un cane proveniente da un allevatore (a seconda di come ha vissuto nel periodo lontano dall'allevatore).

Vantaggi

Anche se c'è una grande possibilità che il cane non sia correttamente educato alla pulizia, con un Chihuahua adulto non partirai da zero come faresti con un cucciolo. Avrai comunque bisogno della stessa quantità di pazienza, in particolare se adotti un cane che ha avuto brutte esperienze con le persone.

Poiché i Chihuahua impiegano del tempo per affezionarsi alle loro persone, puoi aspettarti che ci vorranno una o due settimane prima che il tuo Chihuahua inizi a sentirsi a suo agio nel nuovo ambiente. Finché applichi costantemente le regole e sei fermo ma paziente con il tuo nuovo piccolo amico, non dovrai aspettare così a lungo per iniziare a sentirti in ottima compagnia. I cuccioli sono vivaci e pieni di energia, ma i Chihuahua adulti sono spesso più calmi e più facili da gestire. Potresti iniziare a goderti il tempo con il tuo cane rilassandoti sul divano, invece di dedicare un paio d'anni all'addestramento di base, ma ricorda che una volta che il tuo cane capisce cosa vuoi, è molto più facile divertirvi insieme.

I Chihuahua adulti sono ideali per persone con figli adolescenti o senza figli. Possono anche essere un ottimo cane per insegnare la responsabilità ai bambini più grandi, a condizione che i bambini capiscano che non devono strattonare il Chihuahua quando è al guinzaglio. I Chihuahua più anziani possono essere ottimi compagni per le persone che non possono uscire molto o che devono stare a casa per qualsiasi motivo. Sono contenti di stare con te e fare poco o nulla, e soddisfare le loro esigenze di esercizio è incredibilmente facile.

Adozioni

Data la popolarità del Chihuahua, vi sono molte organizzazioni di salvataggio per la razza, oltre agli allevatori. I Chihuahua che puoi ottenere attraverso organizzazioni e allevatori saranno accompagnati dalla maggior parte delle informazioni necessarie richieste per vendere cuccioli, il che significa che avrai la storia medica e le informazioni sui vaccini del cane (ma se il proprietario precedente è stato negligente o abusivo, è probabile che non abbia tenuto traccia della storia medica del cane).

Quando contatti un'organizzazione per l'adozione di un Chihuahua adulto, di solito viene chiesto di fare domanda per l'adozione semplicemente perché l'organizzazione vuole assicurarsi che il cane finisca in una casa fantastica, un posto dove potrà vivere il resto dei suoi giorni. Il personale dell'organizzazione cercherà anche di abbinarti con un cane adulto che sia ideale per l'ambiente che offri e lo stile di vita che conduci.

Avvertenza sulla socializzazione

La socializzazione è essenziale per i Chihuahua. Sono incredibilmente diffidenti verso gli estranei: questo può portare a comportamenti molto aggressivi o molto ansiosi, ma la socializzazione fin dalla tenera età aiuterà il tuo cane a sentirsi molto più a suo agio nel mondo e lo renderà una compagnia più piacevole quando ci sono altre persone intorno.

I cani di piccola taglia sono inclini a sviluppare la sindrome del cane di piccola taglia, quando non sono socializzati e addestrati correttamente: questo si traduce essenzialmente in un comportamento da piccoli dittatori, risultando aggressivi e sgradevoli con chiunque non conoscano (e talvolta anche con chi conoscono). Ciò li rende generalmente spiacevoli da frequentare. Se non adeguatamente socializzati in giovane età, possono diventare molto aggressivi o molto spaventati da chiunque sia nuovo. A meno che tu non abbia mai persone in visita, questo può rendere la situazione molto spiacevole per tutti.

L'aggressività può andare molto oltre il semplice abbaiare. Un Chihuahua che non è adeguatamente socializzato può finire per mordere, lanciarsi contro le persone e ringhiare. Non vuoi che mostri i denti e morda le persone, ed è per questo che è essenziale insegnare al tuo Chihuahua che gli estranei e gli altri cani non sono così spaventosi o pericolosi come pensa che siano. L'abbaiare non è sempre un problema, ma gli altri comportamenti sono sicuramente abitudini che vuoi evitare o correggere. Organizzando incontri di gioco per il tuo cucciolo di Chihuahua, sarai in grado di aiutarlo a imparare ad essere felice ed entusiasta di incontrare altri cani e persone, invece di sentire il bisogno di intimidirli. Per lo più, questa intimidazione riflette l'ansia e la paura del tuo Chihuahua dovuta al non essere abituato a stare intorno a nuove persone o cani.

È anche possibile che un Chihuahua sia aggressivo quando torni a casa dopo essere stato via perché potrebbe sentirsi abbandonato o infelice per la tua assenza: anche questo è un comportamento che dovrai scoraggiare, ed è parte del motivo per cui un adulto dovrebbe essere sempre presente durante quelle prime settimane del tuo cane a casa tua.

CAPITOLO 5.
Prepararsi all'arrivo del cucciolo

Uno dei vantaggi di dover aspettare l'arrivo del tuo cucciolo di Chihuahua è che avrai tutto il tempo necessario per preparare la casa all'arrivo del nuovo membro della famiglia. Dovresti sfruttare al meglio i mesi di attesa per preparare la tua abitazione. Sebbene rendere una casa a prova di cucciolo sia sempre un compito difficile (tanto quanto renderla a prova di bambino), è un lavoro ancora più impegnativo quando si tratta di preparare tutto per un cane piccolo come un cucciolo di Chihuahua. Preparare la tua abitazione ti darà anche l'opportunità di vedere la tua casa dalla prospettiva del tuo cucciolo.

Due preparativi fondamentali riguardano i tuoi bambini e gli altri animali domestici, che avranno bisogno di un po' di preavviso o di adattamento prima dell'arrivo del tuo piccolo amico. I bambini devono impara-

*Foto di
Ramona Kleespies*

re a essere attenti, mentre gli altri animali domestici dovranno abituarsi ai cambiamenti in casa.

Preparare i bambini

I cuccioli di Chihuahua hanno più o meno le dimensioni di un giocattolo per bambini; quindi, è comprensibile se i tuoi figli cercano di trattare il nuovo animale domestico come un giocattolo. Per questo motivo, dovrai stabilire delle regole chiare e ricordare ai tuoi bambini come giocare correttamente con il cucciolo.

I Chihuahua non sono raccomandati per famiglie con bambini piccoli, in particolare con bambini in età da asilo o troppo piccoli per capire quanto sia facile far male a un cucciolo.

Preparare un bambino più grande o un adolescente è abbastanza semplice, perché tendono a essere molto più consapevoli di come prendersi cura correttamente di una creatura vivente. Indipendentemente dall'età dei tuoi figli, assicurati che ci sia sempre un adulto presente quando giocano con il Chihuahua. Ci vorrà del tempo per imparare a essere attenti e divertirsi. Giocare con il cucciolo sarà emozionante, e sarà facile anche per gli adolescenti dimenticare la propria forza.

Di seguito sono riportate le cinque regole d'oro che dovresti assicurarti che i tuoi figli comprendano completamente prima dell'arrivo del cucciolo.

1. La delicatezza viene prima di tutto. Quei piccoli Chihuahua sono assolutamente adorabili, ma sono anche piuttosto fragili, nonostante il loro aspetto robusto. In nessun momento si dovrebbe giocare in modo brusco con il cucciolo (o con qualsiasi Chihuahua adulto).

   Questa regola deve essere applicata in modo coerente ogni volta che i tuoi figli giocano con il cucciolo. Sii fermo se vedi che i tuoi bambini si agitano troppo o diventano troppo irruenti. Non vuoi che nemmeno il cucciolo si ecciti troppo, perché potrebbe finire per mordere: non sarà colpa sua perché non ha ancora imparato a comportarsi meglio, ma colpa del bambino. Assicurati che tuo figlio comprenda le possibili conseguenze se diventa troppo irruento.

2. Il gioco dell'inseguimento si fa solo all'aperto. Può essere facile per i bambini dimenticarsene, quando iniziano a giocare e tutti si emozionano. Quel breve gioco di allontanamento può rapidamente trasformarsi in un inseguimento, motivo per cui dovrai assicurarti che i tuoi figli capiscano che non devono iniziare a correre. All'aperto, l'in-

Foto di
Karen Moore

seguimento va benissimo (anche se dovrai comunque monitorare il gioco).

3. Correre dentro casa è pericoloso per due motivi principali: dà al tuo cucciolo di Chihuahua l'impressione che la tua casa non sia un luogo sicuro perché viene inseguito, o peggio, può ferirsi; oppure imparerà che correre in casa va bene, il che può essere pericoloso man mano che cresce. Una delle ultime cose che vuoi è che il tuo Chihuahua corra per casa facendo cadere le persone perché era normale per lui farlo quando era un cucciolo.

4. Durante i pasti, il cucciolo deve essere lasciato in pace. Questo vale ogni volta che il tuo cucciolo sta mangiando e può valere anche quando i tuoi figli stanno mangiando, dato che non vuoi che il tuo Chihuahua si abitui a mangiare cibo per umani mentre i tuoi figli mangiano. Non vuoi che il tuo Chihuahua pensi che qualcuno stia cercando di portargli via il cibo. I Chihuahua non sono tipicamente aggressivi, quindi è improbabile che morda qualcuno perché è vicino al suo cibo; tuttavia, può sentirsi insicuro mentre mangia se pensa che qualcuno possa prendere il suo cibo, il che ovviamente non è giusto per il tuo Chihuahua. I Chihuahua più anziani potrebbero essere un po' più protettivi riguardo al loro cibo, il che potrebbe portare a conflitti. Risparmia a te stesso, alla tua famiglia e al tuo Chihuahua dei problemi assicurandoti che tutti sappiano che il momento del pasto è un momento in cui il tuo Chihuahua deve stare da solo.

5. Il Chihuahua dovrebbe sempre rimanere saldamente a terra. Questo è qualcosa che probabilmente richiederà un bel po' di spiegazioni ai tuoi figli, poiché i Chihuahua assomigliano molto a giocattoli, specialmente da cuccioli. Nessuno dovrebbe sollevare il cucciolo da terra. Potresti voler portare in giro il tuo nuovo membro della famiglia o giocare con il cucciolo come se fosse un bambino, ma tu e la tua famiglia dovrete resistere a questa tentazione. I bambini in particolare hanno difficoltà a capire questo concetto, poiché vedranno il Chihuahua più come un giocattolo che come una creatura vivente. Più piccoli sono i tuoi figli, più difficile sarà per loro capire la differenza. È così allettante trattare il Chihuahua come un bambino e cercare di portarlo in braccio come tale, ma questo è incredibilmente scomodo e malsano per il cane. I bambini più grandi impareranno rapidamente che un morso di cucciolo fa molto più male di quanto si possa pensare: quei piccoli denti sono incredibilmente affilati, e non vuoi che il cucciolo venga lasciato cadere. Se i tuoi figli impareranno a non prendere mai in braccio il cucciolo, le cose andranno molto meglio. Ricorda che questo vale anche per te, quindi non rendere le cose più difficili facendo qualcosa che dici costantemente ai tuoi figli di non fare.

6. Tutti i tuoi oggetti di valore dovrebbero essere ben fuori dalla portata dei tuoi figli, anche se adolescenti. Sì, questo consiglio riguarda gli oggetti facilmente raggiungibili dai tuoi figli, non dal cucciolo: non vuoi che oggetti di valore finiscano nella bocca del cucciolo, ma questo è quasi garantito che accada se lasci gioielli o altri oggetti importanti dove qualcuno può facilmente prenderli. Adolescenti e bambini più grandi sono propensi ad afferrare qualsiasi cosa sia a portata di mano per giocare con il cucciolo; rappresentando una minaccia per i tuoi oggetti di valore quasi quanto i bambini più piccoli. Se i tuoi

Foto di
Katie Plant

figli sono curiosi, è probabile che non si fermeranno a considerare le loro azioni perché vorranno sapere cosa succederà se usano un certo oggetto per giocare con il cucciolo. Il risultato finale sarà un incidente che certamente non renderà felici né te, né i tuoi figli quando ti arrabbierai con loro. Se non vuoi che il tuo cucciolo o i tuoi figli distruggano qualcosa di valore, assicurati che non sia mai facilmente accessibile.

Preparare i cani già presenti

L'approccio per preparare altri cani è considerevolmente diverso da quello per preparare un bambino all'arrivo di un cucciolo. Per cominciare, i cani non capiranno le regole; quello che capiscono sono i confini. Potrebbero non capire che sta arrivando un cucciolo in casa, ma possono sicuramente capire cosa significa quando limiti delle aree della casa. Inizia con il preparare i tuoi figli, rivolgendo la tua attenzione alla preparazione dei tuoi cani mentre i tuoi figli assimilano le informazioni (e le vedono rafforzate). Il metodo principale per preparare il tuo cane o i tuoi cani all'arrivo di un cucciolo è creare un'area dove sanno che non dovranno andare e aiutarli a capire che li ami ancora. Dovresti iniziare ad adattare il tuo programma ben prima dell'arrivo del cucciolo, creando specifici momenti per interagire con i tuoi cani in modo che non inizino a provare risentimento verso il nuovo arrivato.

Ecco alcuni accorgimenti da adottare per rendere più facile l'arrivo di un nuovo Chihuahua in casa.

Pensa alla personalità del tuo cane per decidere il modo migliore per prepararti al primo giorno, alla prima settimana e al primo mese. Ogni cane è unico, quindi dovrai considerare la personalità del tuo cane per determinare come andranno le cose quando arriverà il nuovo cane. Se il tuo cane ama gli altri cani, questo probabilmente varrà anche quando arriverà il cucciolo; se il tuo cane ha tendenze territoriali, dovrai essere cauto riguardo all'introduzione e durante i primi due mesi in modo che il tuo cane attuale impari che il Chihuahua è ora parte del branco. I cani eccitabili avranno bisogno di un'attenzione speciale per evitare che diventino troppo esuberanti quando il nuovo cane arriva a casa: non vuoi che siano così eccitati da ferire accidentalmente il nuovo cucciolo.

Considera altre occasioni in cui hai avuto altri cani in casa e come il tuo cane ha reagito a questi altri visitatori pelosi. Se il tuo cane ha mostrato tendenze territoriali, dovrai fare molta attenzione a come presenti il tuo nuovo cucciolo. Se non hai mai invitato un altro cane a casa tua, organizza un paio di appuntamenti di gioco con altri cani a casa tua prima che arrivi il tuo nuovo Chihuahua. Devi sapere come reagiranno i tuoi attuali compagni pelosi a un nuovo cucciolo in casa in modo da poterti preparare adeguatamente: incontrare un cane a casa è molto diverso dall'incontrarne uno fuori casa.

Pensa alle interazioni del tuo cane con altri cani per tutto il tempo in cui hai conosciuto il cane. Il tuo cane ha mostrato comportamenti protettivi o possessivi, sia con te che con altri? Il cibo è uno dei motivi per cui la maggior parte dei cani mostra qualche tipo di aggressività, poiché non vogliono che qualcuno cerchi di mangiare ciò che è loro. Alcuni cani possono essere protettivi anche verso le persone e i giocattoli.

È importante stabilire l'area del cucciolo ben prima del suo arrivo. I tuoi cani devono imparare che c'è un posto in casa dove non possono andare in modo che non perdano spazio poco prima del momento in cui il cucciolo arriva a casa. Se si abitueranno allo spazio perso, è possibile che mostreranno interesse per il cucciolo, ma è improbabile che si sentano particolarmente inclini a entrare in un'area che è stata loro proibita per un po' di tempo.

Per assicurarti che il tuo cane non abbia alcun motivo per voler entrare nell'area, assicurati che non includa nessuna delle sue cose. Tutti i suoi giocattoli, cuscini e altri oggetti dovrebbero trovarsi in uno spazio diverso. Se ha un posto o un divano preferito, l'area del cucciolo deve essere separata da esso: non vuoi portare via al tuo cane i suoi posti e luoghi di riposo preferiti perché ciò creerebbe emozioni negative. Il cucciolo dovrebbe essere un'aggiunta alla famiglia, non far sentire il cane come se fosse stato sostituito.

Assicurati che i tuoi figli capiscano che non devono gettare i giocattoli e altre cose del cane più anziano nell'area del cucciolo. Devono anche capire che il cane non può entrare nell'area; quindi, dovrebbero evitare di cercare di giocare con il cane nello spazio che sarà l'area di vita del cucciolo.

Inizia a pensare a un terreno neutro dove il cucciolo può incontrare il tuo altro cane o cani. L'incontro non dovrebbe avvenire nel territorio del tuo cane perché è più probabile che senta che il cucciolo lo sta invadendo (a seconda della personalità del tuo cane). Un terreno neutro è preferibile anche per i cani tranquilli; l'ideale è un posto che il tuo cane non sentirà come suo e dove non trovi fuori dall'ordinario la presenza di altri cani. Pianifica di avere almeno un altro adulto presente al momento dell'incontro iniziale.

Alimenti pericolosi

I cani non possono mangiare gli stessi cibi degli umani. Proprio come un cane può mangiare in sicurezza carne cruda che farebbe ammalare (o peggio) una persona, ci sono cibi che gli umani possono mangiare, ma che possono seriamente danneggiare un cane. I Chihuahua sono particolarmente a rischio a causa delle loro dimensioni: basta una ridotta quantità dei seguenti alimenti pericolosi per uccidere un Chihuahua.

Probabilmente sei consapevole che i tuoi cani non dovrebbero mangiare cioccolato, ma ci sono molti altri alimenti che possono creare problemi al tratto digestivo di un cane, così come diversi alimenti tossici. Questi alimenti non dovrebbero mai essere dati a un cane di qualsiasi taglia, ma in piccole quantità potrebbero essere addirittura letali per un Chihuahua.

I seguenti sono alimenti comuni che non possono mancare nella lista dei cibi vietati per i cani.

- Semi di mela
- Cioccolato
- Caffè
- Ossa cotte (possono uccidere un cane quando si scheggiano nella bocca o nello stomaco)
- Pannocchia di mais (il tutolo è mortale per i cani; il mais sgranato va bene, ma devi assicurarti che il tuo Chihuahua non mangi mais che è ancora sulla pannocchia)
- Uva/uvetta
- Noci di macadamia
- Cipolle ed erba cipollina
- Pesche, cachi e prugne
- Tabacco (il tuo Chihuahua non saprà che non è cibo e potrebbe mangiarlo se viene lasciato in giro)
- Xilitolo (un sostituto dello zucchero in caramelle, prodotti da forno e alcuni burri di arachidi)
- Lievito

Oltre a questi alimenti potenzialmente mortali, c'è un lungo elenco di altre cose che il tuo cane non dovrebbe mangiare per motivi di salute. Il tuo veterinario potrà fornirti un elenco completo degli alimenti che dovrebbero essere evitati. L'elenco includerà anche alimenti come alcol e altre sostanze che le persone spesso danno ai cani, pensando che sia divertente. Ricorda che i cani hanno un metabolismo molto diverso e l'effetto che questi alimenti hanno su di loro è molto più forte dell'effetto che hanno sulle persone.

Per il bene della salute del tuo Chihuahua, è meglio tenere tutti questi alimenti fuori dalla sua portata, anche se non sono immediatamente letali.

Pericoli da eliminare

Preparare la tua casa per un cucciolo richiede tanto tempo quanto prepararla per un bambino. Pianifica di dedicare a questa attività almeno alcuni mesi, se non di più. Non è una cattiva idea iniziare a preparare la tua casa intorno al momento in cui inizi a cercare un allevatore, perché ci saranno molte cose da fare per l'arrivo di un cane così piccolo. Lo sforzo extra che farai per preparare la tua casa ne varrà la pena, poiché darai al tuo piccolo Chihuahua un posto sicuro, insegnandogli che il grande mondo non è qualcosa da temere.

Questa sezione descrive le aree della casa dove dovresti davvero concentrare la tua attenzione per assicurarti di non trascurare nessun aspetto importante che potrebbe essere pericoloso per il tuo piccolo tesoro.

Inoltre, ricorda che tutti i cuccioli, compresi i Chihuahua, cercheranno di mangiare praticamente qualsiasi cosa, anche se non è cibo. Niente è al sicuro, nemmeno i tuoi mobili. I cuccioli rosicchieranno legno e metallo. Qualsiasi cosa alla loro portata è un obiettivo legittimo: tienilo presente, mentre rendi la tua casa a prova di cucciolo.

Cucina e zone per mangiare

Probabilmente la stanza più pericolosa della casa, la cucina è una combinazione di alimenti proibiti, oggetti pericolosi e veleni. È la stanza dove probabilmente dovresti pianificare di trascorrere la maggior parte del tuo tempo, quando rendi la tua casa a prova di cucciolo. Tutto ciò che faresti per proteggere un bambino piccolo in questa stanza, dovrai farlo per un Chihuahua. Questo potrebbe includere assicurarsi che gli armadietti siano chiusi a chiave nel caso in cui il tuo Chihuahua sia abbastanza intelligente da capire come aprirli. Il cucciolo ti seguirà come una piccola ombra una volta che gli sarà permesso di uscire dalla sua area per cuccioli, e imparerà che le cose si aprono. Alcuni di loro sono abbastanza intelligenti da riuscire ad entrare negli armadietti, specialmente in quelli dove non vuoi che vadano.

Dovrai assicurarti che tutti i veleni siano messi in luoghi dove il tuo Chihuahua non può raggiungerli (sia in cucina che in altre stanze della casa, nel garage e in tutte le aree esterne). I Chihuahua possono entrare quasi ovunque e il tuo piccolo amico esplorerà molto, quando gli verrà data l'opportunità. Farà di tutto per attirare la tua attenzione o suscitare il tuo interesse perché è ciò che i secoli hanno insegnato alla razza. Essere vigile per evitare che si faccia male è vitale per mantenere il tuo Chihuahua al sicuro. In nessun momento dovresti lasciare veleni in un luogo non sicuro.

I bidoni della spazzatura sono altrettanto pericolosi perché emettono vari odori che attirano e spingono il tuo Chihuahua a comportarsi male. Abbiamo appena esaminato l'elenco degli alimenti che non dovrebbero mangiare: lasciare uno qualsiasi di questi nella spazzatura rappresenta un serio rischio per un cucciolo di Chihuahua. Il tuo cucciolo potrebbe voler assaggiare anche cose come veleni, plastica e altri oggetti: solo perché il tuo Chihuahua è piccolo, non significa che sia impossibile per lui rovesciare un bidone della spazzatura. Prendi tutte le precauzioni necessarie, come procurarti un bidone della spazzatura che puoi chiudere a chiave o conservarlo sotto un mobile chiuso a chiave: questo impedirà al tuo cucciolo di mettersi nei guai o di creare un pasticcio da pulire.

Tutti i cavi elettrici devono essere sollevati e tenuti fuori dalla portata dei piccoli cuccioli di Chihuahua, che potrebbero essere curiosi di sapere cosa sono i cavi e come funzionano. Non vuoi che il cucciolo inciampi o si impigli in un cavo più di quanto tu voglia che cerchi di mangiarlo. Inoltre, alcuni cavi e fili si collegano a oggetti più pesanti che non vuoi che cadano sul tuo cucciolo. Non limitarti a mettere in sicurezza solo i cavi elettrici: se hai lunghi cavi per le tue tende, questi devono essere accorciati o appoggiati in modo che non cadano sul pavimento, dove il tuo Chihuahua può raggiungerli.

Bagno e lavanderia

I pericoli nel bagno sono quasi gli stessi di quelli in cucina, solo in uno spazio più piccolo. Ci sono così tanti veleni nei bagni che tenere le porte chiuse potrebbe essere la soluzione migliore. Tuttavia, dal momento che questa non è davvero un'opzione per molte famiglie, in particolare se hai bambini o adolescenti che probabilmente dimenticheranno la regola, devi assicurarti di tenere tutto ciò che potrebbe essere fonte di pericolo chiuso a chiave o fuori dalla portata del tuo cucciolo.

Tieni il sedile del water chiuso e non usare detergenti o profumatori da appendere ai bordi del water. Alcuni Chihuahua sono abbastanza intelligenti da imparare a bere dai water, il che significa che spetta a te rendere questa fonte d'acqua inaccessibile al tuo curioso cucciolo. Se il sedile del water viene lasciato aperto (come è destinato ad accadere occasionalmente), assicurati che non ci siano veleni in esso evitando di usare detergenti direttamente nella cassetta dell'acqua.

Anche se a prima vista non si direbbe, la lavanderia può essere una stanza pericolosa. Il modo più semplice per affrontarla è tenere la porta chiusa, se puoi. Molte famiglie tengono una serie di oggetti vari (sostanze tossiche incluse) nella lavanderia perché è una specie di luogo dove si mette di tutto. Potresti avere solo candeggina, detersivo per bucato, fogli per asciugatrice e altri detergenti per vestiti, ma anche quelli possono essere molto pericolosi per un Chihuahua. Questo è particolarmente vero per articoli come le capsule di detersivo. Devi anche tenere tutti i vestiti sporchi lontano dal pavimento, se non altro per impedire al tuo cucciolo di Chihuahua di trascinare i capi più imbarazzanti in giro per casa. C'è anche la possibilità che il tuo Chihuahua cerchi di mangiare alcuni dei vestiti, il che non sarebbe ottimo per il suo stomaco e potrebbe costarti un viaggio d'emergenza all'ufficio del veterinario o all'ospedale per animali.

Altre stanze

La maggior parte delle altre stanze della casa dovrebbe essere relativamente sicura, poiché le persone non tendono a tenere prodotti chimici fuori dagli armadietti.

Dovrai fare un'ispezione approfondita per i cavi che toccano terra o sono a distanza di salto dal tuo Chihuahua, che dovranno essere fissati ben al di sopra di dove il tuo cucciolo può raggiungerli. Non dimenticare spazi come l'area del computer e il centro di intrattenimento, dove tipicamente si trovano un sacco di cavi diversi. Dovrai anche controllare i fili delle tende per assicurarti che siano troppo alti perché il tuo cucciolo possa raggiungerli.

Anche tutti i prodotti per la pulizia devono essere conservati in un posto dove il tuo cucciolo non può andare. Se tieni oggetti come deodoranti per ambienti su mobili o altre superfici, assicurati che queste aree non siano luoghi dove il tuo Chihuahua può andare. Poiché alla maggior parte dei Chihuahua è permesso stare su divani e letti, dovrai liberare tavolini, comodini e qualsiasi altra cosa contenga prodotti chimici e sia accessibile dai mobili.

Se hai un camino, tutti i prodotti per la pulizia e gli strumenti dovranno essere conservati in un luogo dove il cucciolo non può accedervi. Anche l'area dove si trova il fuoco deve essere resa inaccessibile ai cuccioli curiosi in ogni momento, in modo che il tuo cucciolo non giochi nella cenere o con eventuali oggetti nel camino.

Se hai scale in casa, dovranno essere recintate in modo che il tuo cucciolo non possa cercare di salire o scendere. I tavoli (compresi i tavolini decorativi e i tavolini da caffè) devono essere liberati da oggetti pericolosi, come forbici, attrezzature per cucire, penne e matite. Tutti gli oggetti di valore dovrebbero essere tenuti in luoghi sicuri lontano dai mobili accessibili al tuo cucciolo.

Se hai un gatto, dovrai tenere la lettiera sollevata da terra e in un posto dove il tuo gatto potrà facilmente arrivarci, ma il tuo Chihuahua no. Poiché questo potrebbe includere insegnare al tuo gatto a usare la nuova area, è qualcosa che dovresti fare ben prima dell'arrivo del cucciolo. Non vuoi che il tuo gatto subisca troppi cambiamenti significativi tutti in una volta: il cucciolo sarà abbastanza una perturbazione e, se il tuo gatto associasse il cambiamento della lettiera con il cucciolo, potresti trovarti con un gatto che protesta contro il cambiamento rifiutandosi di usare la lettiera.

Garage

Il modo migliore per affrontare il garage è assicurarsi che il tuo Chihuahua non possa entrarci. Ci sono così tante cose pericolose nei garage che tenere fuori tutti i cuccioli è la politica migliore. Tuttavia, date le sue dimensioni, è certo che il piccolo Chihuahua riuscirà a scivolare nel garage quando meno te lo aspetti. Con tutti i prodotti chimici, gli attrezzi affilati e altri strumenti pericolosi che vi sono conservati, il garage è uno dei luoghi più pericolosi in qualsiasi casa. Non lasciare mai il tuo Chihuahua da solo nel garage, anche quando è adulto. È probabile che il tuo cucciolo entrerà nel garage prima di un viaggio in auto, motivo per cui è importante rendere anche questa area a prova di cucciolo.

Tutti gli articoli relativi alla tua auto e alla sua manutenzione devono essere riposti in alto, dove il tuo cucciolo non può arrivare: un'area chiusa a chiave è il modo più sicuro per conservarli. Gli articoli pericolosi includono tutti i lubrificanti, oli e detergenti, così come le chiavi inglesi e gli altri attrezzi. Dovrai fare lo stesso per tutti i tuoi articoli per la manutenzione del prato, gli attrezzi per la bicicletta e qualsiasi cosa usata per macchinari pesanti o che include prodotti chimici.

I cuccioli masticano qualsiasi cosa, compresi pneumatici, lattine, strumenti e borse. Tutto ciò che può essere posizionato in alto o chiuso in un armadietto dovrebbe esserlo.

Dovrai mettere al riparo anche gli attrezzi e gli strumenti relativi ai tuoi hobby: oggetti come le attrezzature da pesca sono incredibilmente pericolosi e dovrebbero essere conservati fuori dalla portata del tuo cane. Dovrai assicurarti che non ci sia nulla che penda sopra i piani di lavoro, dove il cucciolo può cercare di tirarlo giù.

Il modo migliore per affrontare il problema è entrare nel garage e osservarlo dalla prospettiva di un bambino piccolo. Qualsiasi cosa che sposteresti immediatamente per un bambino piccolo dovrebbe essere spostata per il tuo cucciolo. Abbassati e guarda il garage dalla prospettiva del tuo cucciolo. Se tieni le tue auto nel garage, puoi spostarle fuori per avere una visione migliore. Sposta qualsiasi oggetto possa rappresentare un potenziale pericolo.

Esterno e recinzioni

Mentre dovresti sicuramente rendere il tuo cortile sicuro, non dovresti mai mandare il tuo Chihuahua fuori da solo. Dovrai sempre stare molto vicino al tuo cane per proteggerlo.

Alcuni allevatori suggeriscono di aggiungere un altro livello di protezione per il tuo cane: poiché gli uccelli possono essere notevolmente veloci, puoi acquistare una rete per un'area del tuo cortile dove il tuo Chihuahua svolgerà attività come andare in bagno. Poiché questa razza ha le stesse dimensioni di un gatto (e i cuccioli sono ancora più piccoli), non dovresti permettere al tuo cucciolo di Chihuahua di uscire all'esterno senza guinzaglio. Se vuoi che il tuo Chihuahua impari a usare il bagno all'esterno, predisponi una piccola area recintata con una rete sopra che i predatori non possono attraversare. Basta voltare le spalle per un momento e un uccello rapace può volare via con il tuo Chihuahua: la rete renderà difficile per uccelli e altri predatori (compresi altri cani, grandi gatti e procioni) entrare nell'area e portare via il tuo Chihuahua.

Controlla il tuo cortile allo stesso modo in cui hai fatto con il garage, assicurandoti che non ci siano prodotti chimici o oggetti pericolosi che possono ferire il tuo cucciolo. Se il tuo cucciolo riesce a uscire dall'area sicura, gli oggetti nel tuo cortile diventano pericolosi quanto qualsiasi predatore e sono un pericolo molto più probabile. Assicurati che prodotti chimici, strumenti e altri oggetti siano conservati dove il tuo cucciolo non può raggiungerli. Qualsiasi materiale o oggetto appeso su tavoli esterni dovrebbe essere rimosso o accorciato. Controlla che non ci siano spazi o varchi nella recinzione attraverso cui il tuo cucciolo potrebbe passare se esce dall'area sicura. Devi anche assicurarti che non ci siano piante potenzialmente pericolose che il tuo cucciolo potrebbe masticare. C'è molto da fare all'esterno, ma tipicamente meno di quanto devi fare all'interno. Ricorda: dovresti sempre essere all'esterno con il tuo Chihuahua sia quando è cucciolo che quando cresce, anche in aree sicure, perché è più che capace di scappare attraverso i buchi e gli spazi più piccoli. Un occhio vigile lo terrà al sicuro ed è molto più comodo che dover affrontare la curiosità di un gatto. Il Chihuahua sarà felice di scorrazzare fuori per un po', ma sarà altrettanto contento di uscire, andare in bagno e tornare subito dentro.

Forniture e strumenti da acquistare e preparare

Pianificare l'arrivo del tuo cucciolo significa acquistare molte forniture in anticipo. Avrai bisogno di una vasta gamma di articoli: iniziando a fare acquisti intorno al momento in cui identifichi l'allevatore, potrai distribuire le tue spese su un periodo di tempo più lungo e far sembrare i preparativi molto meno costosi di quanto siano in realtà, anche se prepararsi per un Chihuahua è molto più economico che per la maggior parte delle altre razze. I seguenti sono articoli consigliati:

- Box per cuccioli (opzionale)
- Trasportino
- Letto
- Guinzaglio
- Sacchetti per i bisogni
- Collare
- Targhette
- Cibo per cuccioli
- Ciotole per acqua e cibo (condividere una ciotola d'acqua con un altro cane di solito va bene, ma il tuo cucciolo ha bisogno di una ciotola per il cibo tutta sua se hai più cani)
- Spazzolino da denti (molto importante per questa razza, potresti volerne comprare un paio)
- Spazzola
- Giochi

Per i premi durante l'addestramento, hai un compito molto facile: invece di comprare i più costosi premi per cani, i cereali Cheerios sono altrettanto efficaci e molto più economici. Un piccolo pezzo di cereale per aver ascoltato è tutto ciò che serve e il tuo Chihuahua probabilmente non si stancherà facilmente di mangiarli, poiché questa non è una razza particolarmente schizzinosa riguardo al cibo.

Se c'è qualcos'altro che vuoi acquistare per il tuo Chihuahua, sentiti libero di aggiungerlo alla lista.

Puoi anche acquistare articoli per la cura della salute come trattamenti antipulci, ma sono costosi e non ne avrai bisogno per un po', dato che i cuccioli non dovrebbero essere trattati fino a quando non raggiungono un'età specifica.

Pianificare il budget del primo anno

I costi per un cucciolo sono molto più di quanto penseresti, ma è comunque meno costoso portare a casa un cucciolo che un neonato. Avrai bisogno di un budget, che è un altro motivo per iniziare ad acquistare forniture alcuni mesi in anticipo. Quando acquisterai gli articoli di cui hai bisogno, inizierai a vedere esattamente quanto spenderai al mese. Naturalmente, ci sono alcuni articoli che sono acquisti una tantum, come il trasportino, ma molti altri dovrai acquistarli regolarmente, come cibo e premi.

Devi preparare un budget anche per gli acquisti una tantum. Questo significa fare alcune ricerche in anticipo. È quasi garantito che spenderai troppo, ma vorrai attenerti al budget il più possibile.

Inizia a preparare un budget il giorno in cui decidi di prendere il tuo cucciolo. Assicurati di includere il costo di adozione, che è tipicamente più alto per un cane di razza pura che per un cane recuperato. Se vuoi salvare un Chihuahua, decidi dove vuoi trovare il tuo nuovo membro della famiglia. Dovrai dedicare molto tempo alla ricerca dei costi che dovrai sostenere per portare a casa il tuo cucciolo o cane adulto, così come per gli altri costi.

Ricorda di includere nel tuo budget i costi per il veterinario e gli altri costi sanitari. Inserisci le vaccinazioni regolari e un controllo annuale. I prezzi dei veterinari variano molto tra diverse regioni e anche tra città, rendendo difficile calcolare la media del costo. Queste sono spese delle quali non potrai fare a meno, ma vorrai sapere a quanto ammonteranno prima che il tuo cucciolo arrivi.

Se vuoi unirti a un'organizzazione di Chihuahua, includi nel budget le attività. Ci sono molte cose che puoi fare con i Chihuahua, se vuoi stare con altri genitori di cuccioli. Fortunatamente, questo non è necessario perché i Chihuahua amano rilassarsi a casa e non richiedono molto tempo all'esterno per essere perfettamente contenti.

Tieni le cose fuori portata

Questo è abbastanza facile, poiché il tuo Chihuahua è troppo piccolo per raggiungere molte cose. Tieni presente che il tuo cane può ancora saltare, quindi dovrai imparare a tenere gli oggetti che il tuo cane potrebbe voler masticare in luoghi dove il tuo cane non può raggiungerli anche se salta. Se hai tovaglie, il tuo Chihuahua potrebbe tirarle, quindi vorrai usare tovaglie più corte in modo non possa raggiungerle. Questo è più sicuro sia per il tuo cane che per le cose che tieni sui tuoi tavoli. Non dimenticare che questo vale per qualsiasi tavolo. Linda Jangula di *Chihuahuas Wee Love* avverte dei guai in cui il tuo Chihuahua potrebbe mettersi: "Tende, tovaglie, qualsiasi cosa appesa alla loro portata è fonte di molto divertimento, quindi fai attenzione alle loro abilità intelligenti e astute." Tirare giù queste cose non è solo fonte di caos, ma può essere pericoloso poiché qualsiasi oggetto pesante o metallico può ferire gravemente o uccidere il tuo cucciolo.

L'area del cucciolo

I Chihuahua sono un po' diversi dagli altri cani perché richiedono davvero poco spazio per essere a loro agio. Mentre la maggior parte dei cuccioli avrà bisogno di un'area recintata, i Chihuahua possono cavarsela in un box per cuccioli o in uno spazio di dimensioni simili. Come dice Jeanne Eubanks di *Uey's Chihuahuas*, "Un box recintato con dentro tutto ciò di cui hanno bisogno è l'ideale."

Procurandoti un box per il tuo cucciolo, ridurrai al minimo l'invasione degli spazi degli altri animali domestici rendendo difficile per il cucciolo uscire. Puoi anche recintare una piccola area delle dimensioni di un box per il tuo cucciolo, ma assicurati che i bambini e i cani capiscano molto prima dell'arrivo del cucciolo che non possono abbattere la recinzione.

Puoi anche procurarti dei cancelletti e bloccare una piccola area per il tuo cucciolo. Assicurati che il cancelletto sia abbastanza robusto da resistere ai bambini o ad altri cani. Fai un test da entrambi i lati. Solo perché i Chihuahua non sono grandi, non significa che non possano abbattere i cancelli se si mettono in testa di farlo. Poiché sono minuti, devi assicurarti che gli spazi siano molto più piccoli in modo che non possano infilarci la testa e rimanere bloccati. Una delle ultime cose che vuoi è un cucciolo di Chihuahua bloccato nella recinzione o che corre in giro con un cancello attaccato al collo.

I Chihuahua saranno lì con te ovunque tu vada, ma le loro dimensioni significano che non sono in grado di raggiungere molte aree. È molto importante tenere molte cose fuori dalla loro portata, specialmente cibo e oggetti che possono raggiungere dal divano o dal letto. Possono rovesciare cose come piante e decorazioni quando sei via e questo può essere molto pericoloso. I Chihuahua possono avere problemi di ansia e rovesciare gli oggetti mentre cercano di guardare fuori dalle finestre nel tentativo di vederti. Dovrai dedicare del tempo a rendere la tua casa a prova di cucciolo, in modo che il tuo piccolo amico non si faccia male o mastichi cose di valore o che sono speciali per te. Non potrai fare nulla per le gambe di tavoli e sedie fino a quando il tuo Chihuahua non avrà imparato a non masticare i mobili; quindi, tieni il piccolo in un'area recintata: questo sarà più sicuro per il tuo cane e i tuoi mobili.

CAPITOLO 6.
La prima settimana

Nel momento in cui il tuo piccolo Chihuahua varcherà la porta di casa, tutto cambierà. Ricorderai i dettagli e le emozioni di quel giorno per molti anni a venire. Ogni cucciolo ha del potenziale che richiede da parte tua un impegno per tutta la vita, per aiutarlo a raggiungere il suo massimo. Con una razza longeva come il Chihuahua, vorrai dargli il miglior inizio possibile per garantirgli una vita piena, sana e felice.

La prima settimana è fondamentale per lo sviluppo del tuo cucciolo, poiché è in questo periodo che devi stabilire le dinamiche in casa e fare in modo che il cucciolo inizi a sentirsi al sicuro nel nuovo ambiente. Questi sono i primi giorni in cui il tuo Chihuahua inizierà a manifestare appieno il proprio potenziale. . Con tutte le precauzioni per rendere la casa a prova di cucciolo già prese, ora hai l'impegnativo compito di aiutare il tuo piccolo a imparare come giocare, dove fare i bisogni e a scoprire che la sua nuova casa è un posto fantastico in cui vivere.

Preparazione e pianificazione

Proprio come hai dovuto preparare la tua casa e il giardino, hai ancora alcuni compiti finali da svolgere prima che il nuovo cucciolo entri in casa. Inizia con un controllo finale della tua abitazione per verificare il tuo lavoro: dall'area del cucciolo al cibo e ai giocattoli, tutto dovrebbe essere sistemato e pronto per il nuovo arrivato. Qualsiasi cosa tu possa fare prima dell'arrivo del Chihuahua ti aiuterà a goderti meglio i vostri primi giorni insieme e ti eviterà di dover improvvisare, cosa che dovrai senz'altro fare comunque a un certo punto della vostra convivenza.

L'ultima settimana prima dell'arrivo del cucciolo, crea una lista di tutto ciò di cui avrà bisogno per il primo giorno. Quanto segue dovrebbe aiutarti a iniziare:

- Alimenti
- Letto
- Trasportino
- Giochi
- Ciotole per acqua e cibo
- Guinzaglio
- Collare
- Premietti

Verifica che tutto ciò che è sulla lista sia pronto all'uso prima che il tuo Chihuahua varchi la porta: non vorrai dover correre a comprare queste cose dopo che il cucciolo è a casa, in parte perché vorrai averle subito disponibili, in parte perché non vorrai perdere tempo prezioso che potresti passare a stabilire una nuova routine con il tuo nuovo membro della famiglia.

Se prevedi di avere un recinto per tenere il cucciolo in un'area specifica della casa, prepara i cancelletti e verifica che non possano essere abbattuti o aggirati. È improbabile che il tuo Chihuahua possa abbattere i cancelletti, ma sarà probabilmente abbastanza piccolo da poter passare attraverso la maggior parte delle fessure.

Stabilisci un programma per la cura del cucciolo. I tuoi piani probabilmente cambieranno col passare dei giorni, ma hai comunque bisogno di un punto di partenza. Questo garantirà che le persone completino i compiti assegnati e aiuterà il tuo cucciolo a sentirsi al sicuro – i cani preferiscono la struttura, quindi una routine è una grande fonte di sicurezza per loro. Modifica il programma quando diventa chiaro che sono necessari cambiamenti, ma cerca di mantenerlo il più possibile vicino al programma originale. Avere un programma prima dell'arrivo del cucciolo sarà molto più facile che cercare di stabilire la routine dopo il suo arrivo. Il Chihuahua avrà più che abbastanza energia per tenerti occupato, rendendo difficile predisporre un piano dopo il suo arrivo.

Il programma dovrebbe includere una pausa per i bisogni dopo ogni pasto. C'è una buona probabilità che il tuo cucciolo ne avrà bisogno in quel momento, e questo lo aiuterà a capire quali sono i posti giusti per fare i bisogni. Poiché dovrebbe essere addestrato a fare i bisogni in casa, vorrai sicuramente che inizi a imparare dove è accettabile farli il prima possibile. Se l'addestratore ha già avviato l'educazione ai bisogni, non vorrai perdere i progressi che il tuo cucciolo ha fatto.

Foto di
Jackie Beffa

Organizza un incontro finale con tutti i membri della famiglia per assicurarti che tutte le regole siano ricordate e comprese prima che il cucciolo arrivi e diventi una distrazione. I bambini avranno bisogno di istruzioni speciali su come maneggiare il cucciolo: dovrai essere molto severo nell'assicurarti che non siano troppo bruschi con lui. Verifica che i tuoi figli capiscano che non possono giocare con il cucciolo a meno che non ci sia un adulto a supervisionarli. Determina chi sarà responsabile della cura principale del cucciolo e chi sarà l'addestratore principale. Per aiutare i bambini più piccoli a imparare la responsabilità, un genitore può collaborare con un bambino per gestire la cura del cucciolo: il bambino sarà responsabile di attività come tenere piena la ciotola dell'acqua e nutrire il cucciolo, il genitore potrà supervisionare l'esecuzione dei compiti.

Qualche ora prima dell'arrivo del cucciolo, fai un'ultima ispezione a livello del pavimento in ogni stanza della casa e nel garage per assicurarti di aver rimosso tutti i rischi e che tutto sia in ordine.

Il viaggio verso casa

L'addestramento del Chihuahua inizia dal momento in cui il cucciolo viene affidato alle tue cure. Le regole e la gerarchia dovrebbero iniziare a essere stabilite fin dal primo viaggio in auto verso casa.

Per quanto sia una tentazione coccolare e cercare di far sentire a suo agio il tuo Chihuahua, per il viaggio dovrai metterlo in un trasportino. Non puoi iniziare facendo un'eccezione: il tuo cucciolo sta imparando fin dai primi momenti con te. Qualsiasi cosa possa fare per farti abbassare la guardia e permettergli di farla franca, la userà in seguito e potrà diventare incredibilmente testardo nel fare le cose a modo suo, se sei indulgente all'inizio. Per quanto possa essere difficile, dovrai essere fermo e coerente con il tuo cucciolo di Chihuahua.

Durante il primo viaggio dovrebbero essere presenti due adulti. Chiedi all'allevatore se il cucciolo è già stato in auto prima: se quello con te sarà il primo viaggio in assoluto, il secondo adulto avrà il ruolo di consolatore. Il cucciolo sarà nel trasportino, ma l'adulto potrà parlargli in modo rassicurante e accarezzarlo per fargli sapere che andrà tutto bene. Sarà sicuramente spaventato perché non ha più la mamma, i fratelli o persone conosciute intorno; quindi, avere qualcuno presente che gli parli renderà l'esperienza un po' meno traumatica.

Questo è il momento di iniziare a insegnare al tuo cucciolo che i viaggi in auto sono piacevoli: ciò significa assicurarsi che il trasportino sia fissato saldamente al sedile e che non sia libero di muoversi durante il viaggio. Non vorrai terrorizzare il cucciolo lasciando che il trasportino scivoli mentre il cucciolo è al suo interno, seduto impotente. Questo insegnerebbe al tuo Chihuahua solo che le auto sono terrificanti come sembrano.

Vai direttamente a casa; non portare il tuo nuovo cucciolo da nessun'altra parte. A parte le visite dal veterinario e le passeggiate vicino a casa, non pianificare di portare il tuo cucciolo da nessuna parte per le prime due settimane. Linda Jangula di *Chihuahuas Wee Love* avverte: «Quando un Chihuahua molto giovane arriva a casa, la prima cosa che le persone tendono a fare è portare il cucciolo a far visita agli amici o portarlo a fare shopping». Questa è un'idea terribile per ogni razza, ma in particolare per i Chihuahua. Un Chihuahua può andare in shock ipoglicemico se diventa troppo stanco o affamato. Non ha bisogno di imparare a temere il mondo: la socializzazione arriverà più tardi. La prima settimana serve a farlo abituare a te e alla tua casa.

Paure della prima notte

Foto di
Tasha Snitch

La prima notte del tuo cucciolo sarà quasi certamente un'esperienza terrificante per lui. Lontano dalla mamma e dai fratelli, così come dagli umani che ha conosciuto nella sua vecchia casa, la paura è una risposta ragionevole. Per quanto comprensibile possa essere, c'è solo un certo livello di conforto che puoi dare al tuo Chihuahua senza esagerare: proprio come con un bambino, più rispondi ai pianti e ai lamenti, più insegni al cucciolo che i comportamenti negativi portano ai risultati desiderati. Preparati per un difficile equilibrio tra il fornire rassicurazione senza viziare troppo il tuo cucciolo.

Dovresti avere stabilito un'area dove far dormire il cucciolo prima del suo arrivo. L'area dovrebbe includere un lettino e, preferibilmente, un trasportino o un recinto. Il tuo letto non è un posto accettabile per far dormire il cucciolo. L'intera area del cucciolo dovrebbe essere delimitata in modo che nessuno possa entrarvi (e il cucciolo non possa uscirne) durante la notte. Dovrebbe anche essere vicino a dove dormono le persone, in modo che il cucciolo non si senta abbandonato.

Per rendere le cose un po' più familiari, potresti anche chiedere all'allevatore qualcosa che odora della mamma del cucciolo. Il modo migliore per ottenere un oggetto che abbia un odore familiare per il piccolo è inviare all'allevatore una copertina che possa far usare alla madre per alcuni giorni prima che il cucciolo arrivi a casa: in questo modo, durante il tragitto verso casa tua, il tuo Chihuahua potrà trarre conforto da un oggetto con un odore già noto.

I suoni possono attirare l'attenzione del tuo cucciolo, e quelli non familiari possono essere spaventosi. Ridurre al minimo i rumori può aiutare a rendere la prima notte un po' meno terrificante. Tu sarai abituato a ogni tipo di rumore di fondo, ma molti di questi saranno probabilmente nuovi per il tuo cucciolo.

Il tuo cucciolo farà sicuramente dei rumori nel corso della notte: non puoi considerarli un inconveniente, indipendentemente dal fatto che ti impediscano di dormire. Il cucciolo è triste e spaventato e tu devi sopportarlo, dal momento che sta vivendo una situazione molto più difficile della tua. Non allontanare il cucciolo da te, anche se i lamenti ti tengono sveglio. Essere allontanato dalle persone spaventerà non farà altro che spaventarlo di più, rafforzando l'ansia e la paura della tua casa. Allontanarlo la prima notte gli farà l'impressione sbagliata, dando al tuo cucciolo una terribile prima impressione di come sarà la vita con te. Col tempo, semplicemente stare vicino a te di notte sarà sufficiente per rassicurare il tuo cucciolo che tutto andrà bene.

Non dormire molto è qualcosa che dovresti aspettarti durante quella prima settimana o giù di lì (proprio come con un neonato). Ecco perché dovresti cercare di far cadere la prima notte durante un fine settimana, una festività o una notte in cui il sonno non è così essenziale. Il secondo giorno del cucciolo nella tua casa dovrebbe riguardare il cucciolo, non il ritorno alla tua normale routine. Assicurati di non avere lavoro o qualcosa di urgente da fare il giorno successivo, in modo che la mancanza di sonno non sia troppo impattante. Perdere il sonno fa parte del pacchetto, quando porti un cucciolo in casa tua. Fortunatamente, non ci vuole tanto tempo per far ambientare un cucciolo quanto ne serve con un neonato umano, quindi la tua normale routine potrà riprendere più rapidamente.

Una delle cose più difficili da fare è ignorare i lamenti. Imparerai a distinguere cosa significano i diversi suoni che il tuo cucciolo fa, ma all'inizio dovrai usare il buon senso. Quella prima notte, i lamenti sono paura della situazione e nostalgia di casa. Rassicura il cucciolo una o due volte, poi lascia che pianga il resto del tempo.

Se cedi, nel tempo i lamenti, i piagnistei e i pianti diventeranno più forti. Risparmia a te stesso il problema in seguito insegnando al cucciolo che lamentarsi non funzionerà.

Non lasciare che il tuo cucciolo entri nel tuo letto la prima notte – o qualsiasi altra notte – finché non sarà completamente educato ai bisogni. Una volta che un Chihuahua impara che il letto è accessibile, non puoi addestrarlo a non saltarci sopra. Se non è educato ai bisogni, avrai bisogno di un nuovo letto perché in quei primi giorni, ogni posto è un posto per fare i bisogni.

Un altro aspetto che probabilmente ti rovinerà il sonno è la necessità di pause regolari per i bisogni. Prepara un angolo predisposto nello spazio del cucciolo e assicurati che lo usi durante la notte. Non dovrai barcollare fuori con il tuo cucciolo a causa dei predatori notturni; quindi, avrai vita più facile rispetto alla maggior parte dei nuovi proprietari di cuccioli. Tuttavia, ciò non significa che potrai essere pigro: dovrai mantenere un programma anche durante la notte per addestrare il tuo cucciolo su dove fare i bisogni. I cuccioli avranno bisogno di fare i bisogni ogni due o tre ore, per cui dovrai alzarti diverse volte durante la notte per assicurarti che capisca che deve sempre fare i bisogni sul tappetino assorbente. Se non fai rispettare la regola la prima notte, in seguito avrai difficoltà a insegnargli che non può fare i suoi bisogni in giro per casa.

Prima visita dal veterinario

Questo sarà un compito difficile perché potresti sentirti un po' come se stessi tradendo il tuo cucciolo (specialmente con quegli occhioni che ti implorano); tuttavia, è necessario farlo entro il primo o il secondo giorno dall'arrivo del cucciolo. Devi stabilire una base per la salute del cucciolo, in modo che il veterinario possa monitorare i suoi progressi ed eseguire i controlli necessari per assicurarsi che tutto vada bene mentre cresce. I Chihuahua che hanno la giardia sono più propensi a sviluppare ipoglicemia. Devi far controllare il tuo Chihuahua per assicurarti che sia sano e privo di problemi.

La prima visita è anche un momento per creare un rapporto tra il Chihuahua e il veterinario, che tornerà utile anche in seguito. La valutazione iniziale ti dà più informazioni sul tuo cucciolo, oltre a darti la possibilità di fare domande al veterinario e ricevere consigli.

Sarà sicuramente un viaggio emotivo per entrambi, ma all'inizio il tuo cucciolo potrebbe essere eccitato: con così tante cose da annusare e così tanti altri animali domestici da incontrare, ci sarà molto da assimilare per il tuo Chihuahua. Sia le persone che gli altri animali domestici probabilmente attireranno l'attenzione del tuo cucciolo. Questa è un'opportunità per lavorare sulla socializzazione del cucciolo, anche se dovrai fare attenzione. Chiedi sempre al proprietario di un altro animale se va bene che il tuo cucciolo incontri il suo e attendi l'approvazione, prima di lasciare che il tuo cucciolo proceda con i saluti. Gli animali domestici nell'ambulatorio del veterinario molto probabilmente non si sentono bene, il che significa che potrebbero non essere molto affabili. Non vuoi che un cane anziano scontroso o un animale malato morda, ferisca o spaventi il tuo cucciolo, né vuoi che il tuo cucciolo sia esposto a qualcosa di potenzialmente pericoloso mentre sta ancora facendo i vaccini. Assicurati che l'altro animale sia felice dell'incontro (anche se non troppo eccitato) in modo che sia un'esperienza positiva per il tuo cucciolo.

Avere una prima esperienza positiva con altri animali può rendere la visita dal veterinario meno terrificante e persino un po' divertente. Questo può aiutare il tuo cucciolo a sentirsi più a suo agio durante le future visite dal veterinario.

Inizio dell'addestramento

L'addestramento del tuo Chihuahua inizia nel momento in cui il tuo cucciolo entra nella tua auto o nella tua casa, e in realtà non si ferma mai. Le prime settimane comporteranno un addestramento più intenso, mentre insegni le basi che serviranno come fondamento per tutti gli altri addestramenti che potresti voler provare.

Durante queste prime settimane, l'interesse principale è ridurre al minimo i comportamenti indesiderati.

Abbaiare

I Chihuahua sono noti per essere vocali. Se vuoi che il tuo cucciolo sia più silenzioso, devi iniziare a limitare questo comportamento durante la prima settimana. Probabilmente significherà qualche premietto in più nei prossimi mesi (è qui che i Cheerios sono fantastici), ma è così che insegnerai al tuo cucciolo cosa significa "silenzio". In ogni caso, potresti voler evitare di dare premietti al tuo cucciolo durante la prima settimana: ci sono buone probabilità che il suo pancino sia un po' sconvolto, quindi non peggiorare la situazione dandogli cibo extra. Il tuo cucciolo farà rumore anche quando cercherà di attirare la tua attenzione, motivo per cui dovrai addestrare anche te stesso a reagire in un certo modo ai suoi rumori.

Il guinzaglio

L'addestramento al guinzaglio sarà probabilmente abbastanza facile, poiché il tuo Chihuahua vorrà controllare l'area intorno alla tua casa. L'addestramento, in realtà, è tanto per te quanto per il cucciolo. Non strattonare mai il tuo cucciolo al guinzaglio. All'inizio, non lasciare che i tuoi figli portino a spasso il cucciolo a meno che non siano abbastanza grandi e responsabili da non tirare forte. È molto facile ferire il collo di un Chihuahua, e ciò può causare altri problemi. Dovrai trovare dei modi per far camminare il tuo cucciolo senza essere brusco.

Data la facilità con cui si possono ferire i loro colli, considera l'addestramento al guinzaglio con le pettorine. Il tuo cucciolo probabilmente non ne ha mai usata una prima; quindi, potreste attraversare un periodo di apprendimento in cui dovrà abituarsi a usare una pettorina invece di potersi muovere liberamente come fa a casa (i suoi confini sono segnati da muri, porte e cancelli, non da qualcosa sul suo piccolo corpo). Non trascinare mai il tuo cucciolo. Se al tuo Chihuahua non piacciono le passeggiate, giocare in casa può dargli un ampio esercizio, purché tu ti assicuri di farlo diverse volte al giorno per 15-30 minuti alla volta. Per aiutare il tuo cucciolo ad abituarsi a stare al guinzaglio, puoi lasciare che esplori parti della tua casa mentre viene supervisionato e indossa il guinzaglio. Dovrai tenere d'occhio il tuo cucciolo per tutto il tempo in cui lo lasci trascinare il guinzaglio, in modo che non si ferisca o si strangoli.

Insegnare il rispetto

Il rispetto è una parte dell'addestramento, specialmente per un cane come il Chihuahua. Qualsiasi comportamento tu insegni ora costituirà una lezione che il tuo cucciolo porterà avanti. Vuoi insegnare al tuo cucciolo a rispettarti senza temerti. La coerenza è il modo migliore per farlo: non fare eccezioni durante la prima settimana, perché combatterai quella lezione essenzialmente per il resto della vita del tuo cane.

Addestramento a non distruggere

Alcuni Chihuahua distruggeranno qualsiasi cosa tu lasci nel loro spazio. Osserva questo tipo di comportamento quando il tuo cane è ancora giovane e sii pronto a fermarlo sul nascere.

Fermare il suo comportamento distruttivo sul nascere sarà uno dei modi più rapidi per scoraggiarlo. Potresti non voler iniziare nella prima settimana o due, ma probabilmente il tuo cucciolo non cercherà ancora di distruggere le cose. Sii comunque vigile e, non appena il tuo Chihuahua inizia a strappare qualcosa, intervieni.

Perdita di pelo e toelettatura

La maggior parte degli allevatori dice che i Chihuahua non perdono molto pelo. La perdita più intensa è durante il cambio di stagione, ma perdono comunque una certa quantità di pelo tutto l'anno.

Fortunatamente sono molto piccoli, rendendo incredibilmente facile spazzolarli ogni giorno. Spazzolare il tuo Chihuahua è anche il modo perfetto per creare un legame con lui sin dall'inizio. Lui godrà dell'attenzione e dell'affetto e tu sarai felice di avere meno peli di cane nel cibo. Spazzolare un animale può anche aiutare ad alleviare lo stress alla fine di una giornata difficile. Accarezzare i cani si è dimostrato un importante antistress, quindi questa semplice interazione quotidiana ha molti benefici da offrire.

Tieni presente che i Chihuahua a pelo corto, in realtà, perdono più pelo rispetto alla varietà a pelo lungo. È inaspettato ma vero. Poiché non richiedono molto tempo con entrambi i tipi di Chihuahua, le spazzolate quotidiane sono comunque abbastanza rapide e possono essere molto piacevoli.

A casa

I Chihuahua adeguatamente socializzati e addestrati possono essere tra i cani che richiedono meno manutenzione perché non hanno bisogno di uscire: nei giorni di maltempo, possono fare un esercizio adeguato semplicemente stando a casa a giocare con te.

La chiave è che devono essere adeguatamente addestrati e socializzati. Questo può richiedere molto lavoro all'inizio, ma ne vale la pena per ottenere un cane facile da gestire. Il tuo Chihuahua sarà un ottimo compagno di viaggio o un fantastico compagno di relax, qualunque cosa richieda la situazione.

CAPITOLO 7.
Il primo mese

D opo tutto l'entusiasmo e l'attività della prima settimana, probabilmente inizierai a stabilire una routine. Avrai un'idea di come è fatto il tuo cucciolo e si sarà già instaurato un rapporto. Potresti anche essere piuttosto stanco, ma sarai in grado di vedere qualche progresso, per cui sarà una stanchezza felice.

Avere una comprensione di base della personalità del tuo cucciolo significa che potrai capire cosa lo motiva meglio (le lodi sono facilmente il modo migliore per far agire un Chihuahua, ma il cibo è un'altra ottima opzione). Questo renderà il primo mese un po' più facile rispetto alla prima settimana e, alla fine di quel mese, avrai un'idea molto più chiara di come procedere con l'addestramento e il gioco.

In questa fase, il tuo Chihuahua sembrerà adorabile e carino, il che

Foto di
Emma Prince

potrebbe farti abbassare un po' la guardia. Combatti quest'impulso: devi continuare a essere fermo e coerente nel tuo approccio affinché l'addestramento funzioni. Alcuni Chihuahua imparano velocemente mentre altri sono piuttosto lenti nell'apprendimento, ma nessuno di loro farà ciò che vuoi se non sei fermo e coerente. L'addestramento dovrebbe essere fatto quotidianamente, anche solo per brevi periodi, per abituare il tuo cucciolo all'idea di essere addestrato. Dovresti vedere i primi risultati dell'addestramento entro la fine del mese, anche se potrebbero non sembrare molto evidenti. La maggior parte dei cuccioli inizia lentamente. L'addestramento richiederà del tempo, ma alla fine, avrai un ottimo compagno sia in viaggio che a casa.

Non ancora al massimo delle forze

Probabilmente sarai molto entusiasta di giocare con il tuo cucciolo, ma devi fare attenzione ad alcune cose.

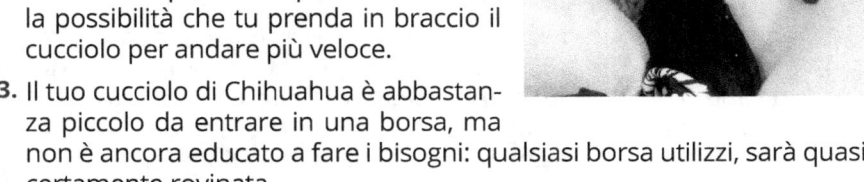

Foto di
Kristina Lesoine

1. Quando sono stanchi e affamati, i Chihuahua possono diventare ipoglicemici. L'ipoglicemia consiste in un basso livello di zucchero nel sangue, che può essere fatale. Nutrirli risolverà il problema, ma è meglio non far fare al cucciolo esercizio fisico per lunghi periodi.

2. Il loro collo può essere facilmente ferito quando un umano strattona il guinzaglio. Data la minuscola taglia, un Chihuahua non sarà in grado di starti dietro a lungo. Restare vicino a casa ti aiuterà a non perdere la pazienza e riduce la possibilità che tu prenda in braccio il cucciolo per andare più veloce.

3. Il tuo cucciolo di Chihuahua è abbastanza piccolo da entrare in una borsa, ma non è ancora educato a fare i bisogni: qualsiasi borsa utilizzi, sarà quasi certamente rovinata.

Il tuo Chihuahua non avrà il fisico adatto a lunghe escursioni o passeggiate neanche da adulto, ma da cucciolo, l'esercizio all'aperto sarà praticamente una rapida toccata e fuga all'aperto prima di tornare a casa. L'esercizio quotidiano dovrà essere adattato alle capacità del tuo cucciolo e rimanere a casa renderà più facile tenerlo al sicuro. Per esempio, puoi portare a spasso il tuo cucciolo in giardino con il guinzaglio. Dato che non dovresti mai lasciare il tuo cucciolo da solo all'esterno, questo può essere un ottimo modo per addestrarlo senza preoccuparti di animali predatori.

Le passeggiate dovranno essere brevi e l'esercizio dovrebbe essere limitato a brevi periodi di tempo, anche se puoi fare diverse sessioni di esercizio nel corso della giornata. In genere, le sessioni di esercizio termineranno con un bel pisolino del cucciolo, il che significa che non sarai eccessivamente stanco, ma avrai tempo per fare le cose di cui hai bisogno senza sentirti come se il tuo cucciolo ti mancasse. Il cucciolo dovrà comunque dormire nell'area designata perché, al suo risveglio, potresti non essere presente nella stanza.

Entro la fine del primo mese, il tuo cucciolo avrà un po' più di resistenza. Nel corso del primo mese e dei mesi successivi, dovrai adattare il tuo programma per permettere passeggiate e sessioni di gioco più lunghe. Sessioni di esercizio più lunghe significano sessioni meno frequenti, il che può effettivamente liberare più tempo nella tua giornata; assicurati solo di monitorare i livelli di energia del tuo Chihuahua.

Stabilire le regole e rispettarle

I Chihuahua amano stare con le loro persone. Poiché sono così carini e possono essere così affabili, è molto più probabile che tu ceda all'impulso di non addestrare il tuo cane oggi, pensando che potrai farlo più tardi. Questo è qualcosa che il tuo Chihuahua noterà e cercherà di usare per ottenere ciò che vuole. Anche se potresti pensare che il tuo cucciolo sia troppo giovane per un approccio fermo, non è così. I cuccioli hanno bisogno di un approccio fermo, forse ancora di più mentre stai stabilendo delle basi. Non dovresti mai fare eccezioni alle regole nei primi giorni, se vuoi che l'addestramento funzioni.

Se non rendi coerente il tuo addestramento, rischi di stabilire una cattiva dinamica per te e il tuo Chihuahua perché sarà difficile convincere il tuo cane che sei serio in un secondo momento. Involontariamente, avrai già insegnato al tuo cucciolo che ascoltarti è facoltativo e che può farti perdere la concentrazione con lo sguardo o l'azione giusta.

L'addestramento è importante per evitare che il tuo Chihuahua si faccia male, distrugga i tuoi oggetti o diventi difficile da gestire in seguito. Non vuoi un piccolo Napoleone che cerca di dettare legge in casa tua.

Un approccio fermo e coerente con il tuo Chihuahua è il migliore per entrambi. Vuoi divertirti insieme, ma ciò significa anche assicurarti che il tuo Chihuahua sappia che ci sono alcune cose che non sono facoltative, compreso ascoltarti.

Socializzazione precoce, l'essenziale per un Chihuahua felice

I Chihuahua sono minuscoli – la maggior parte delle cose nel mondo sono più grandi di loro, compresi la maggior parte dei gatti domestici. Alcuni esemplari della razza tendono a essere eccessivamente aggressivi per compensare la loro taglia, oppure sono timorosi di tutto. Nessuno di questi tratti è salutare per il tuo Chihuahua. Per rendere il mondo un posto in cui il tuo cane possa sentirsi a proprio agio più facilmente, devi assicurarti di lavorare attivamente sulla socializzazione del tuo cucciolo.

Fare regolarmente passeggiate in luoghi dove può incontrare persone è l'ideale. Le passeggiate insegnano al tuo cucciolo a essere a suo agio con gli altri, invece di sentire il bisogno di abbaiare costantemente agli estranei. I Chihuahua non hanno bisogno di molto esercizio. Jeanne Eubanks di *Uey's Chihuahuas* dice: «una passeggiata di 15 minuti una o due volte al giorno è perfetta per loro, specialmente se possono socializzare con gli umani».

Inserire la socializzazione nel programma di esercizio è il modo migliore per occuparsi di queste due importanti attività contemporaneamente.

Premi e ricompense vs. punizioni

L'addestramento e i premi sono così strettamente associati che può essere difficile considerare qualsiasi altro metodo efficace per addestrare il tuo cane. Dopo i premi, le persone pensano alla punizione come modo per scoraggiare comportamenti indesiderati nei cani. Sebbene questi siano stati i metodi tipici utilizzati nell'addestramento, entrambi presentano alcune problematiche, in particolare per quanto riguarda i Chihuahua. Insegnare a un cucciolo il comportamento corretto è un delicato equilibrio tra l'essere fermi, ma non crudeli. Dovresti fornire ricompense, ma usare qualcosa di meglio del cibo.

Il rinforzo positivo può essere un modo efficace per addestrare i Chihuahua. Il cibo è una scelta ovvia, ma devi fare molta attenzione a non sovralimentare il tuo cucciolo: non vuoi che il piccolo si abitui a mangiare troppo, specialmente quando non avrà più il metabolismo rapido della gioventù. È meglio iniziare con i premi, ma dovresti rapidamente iniziare a usare le lodi e le coccole extra come forma primaria di rinforzo positivo. Anche del tempo di gioco extra dopo una sessione di addestramento particolarmente riuscita è una buona opzione.

Anche ottenere il rispetto del tuo cucciolo è essenziale per un addestramento di successo: se il tuo Chihuahua ti rispetta, sarà molto più facile per lui accettare l'attenzione positiva invece dei premi perché sa che sei tu a comandare.

Occasionalmente potresti dover ricorrere alla punizione con il tuo Chihuahua, in particolare se morde o mastica i mobili; tuttavia, devi fare attenzione a non addestrarlo a credere in cose o azioni che renderanno la tua vita più difficile. Non usare mai il trasportino come luogo per punire il tuo Chihuahua: dovrebbe essere un rifugio sicuro quando il tuo cuc-

Foto di
Susan Davies

ciolo vuole stare da solo o dormire; non è una prigione e non dovresti
trattarlo come tale. Per far capire al cucciolo il tuo punto di vista (e la tua
delusione), puoi metterlo in "time out". Il "time out" consiste nel posizio-
nare il tuo cucciolo in un posto in cui non può interagire con te, non importa quanto abbai, piagnucoli o guaisca, ma dove risulti comunque visi-
bile a esso. Non vuoi spaventare il tuo Chihuahua; il punto è fargli sapere
che sei ancora lì, ma che stai intenzionalmente evitando di interagire con
lui a causa delle sue azioni. Negandogli l'accesso a te senza che tu scom-
paia, gli stai ricordando perché deve comportarsi bene.

Esercizio, un'attività fondamentale ma incredibilmente facile

Mentre può essere difficile non sovralimentare un Chihuahua, con
quegli occhioni che possono rendere molto difficile dirgli di no, assicurarti che il tuo minuscolo amico faccia un adeguato esercizio fisico è incredibilmente facile. Un paio di passeggiate di 15 minuti entro la fine del

primo mese saranno più che sufficienti. Quando il tempo è brutto, puoi semplicemente giocare in casa per assicurarti che il tuo cucciolo si muova abbastanza. La facilità nel fornire a un Chihuahua abbastanza esercizio è uno dei motivi per cui così tante persone li amano. Se lo desideri, potrai tranquillamente fare a meno delle passeggiate tradizionali.

Attività migliori

I Chihuahua sono il cane perfetto, se vuoi un compagno che possa semplicemente divertirsi con te in casa. Oltre ai momenti di relax domestici, tu e il tuo amico a quattro zampe potrete divertirvi con un'ampia gamma di attività.

"Riordina i giocattoli" è un passatempo che puoi sfruttare per insegnare al tuo cucciolo a mettere in ordine i giocattoli. Oltre a essere divertente, può aiutarti a tenere la tua casa libera dai giocattoli per cani. Richiederà un po' di addestramento, ma non dovrai fornire troppi premi extra: finché esageri con le lodi, il tuo cucciolo amerà l'attenzione e non desidererà altro che farti contento. I Chihuahua possono essere molto intelligenti, quindi impareranno rapidamente che mettere via i giocattoli fa ottenere loro delle lodi.

"Trova il premio" è un altro gioco facile che non costa molto, specialmente se usi i Cheerios. È anche un ottimo stimolo mentale. Metti il premio dove il tuo cucciolo può vederlo, poi coprilo con una piccola tazza o un contenitore di yogurt pulito. Posiziona due tazze o contenitori identici su entrambi i lati, poi scambiali. Il tuo cucciolo imparerà a osservare i movimenti per capire dove si trova il premio. Un esempio pratico aiuterà il cucciolo a capire più rapidamente cosa fare. .

Altri giochi come nascondino, riporto e "Simon dice" sono tutte attività che il tuo cucciolo può imparare col tempo. Con sufficiente attenzione e giochi, potrai trovarti con un Chihuahua molto intelligente che ottiene tutto l'esercizio e l'eccitazione necessari da semplici giochi.

CAPITOLO 8.
Educazione alla pulizia

Educare un cane alla pulizia non è mai divertente, e questo vale tanto per i Chihuahua quanto per qualsiasi altra razza canina. La differenza tra addestrare un Chihuahua e la maggior parte degli altri cani è che non hai realmente bisogno di portare i Chihuahua all'esterno. L'educazione alla pulizia è essenziale per crescere qualsiasi cucciolo, ma è un po' più facile con una razza che non deve imparare a fare i bisogni fuori. Con i Chihuahua, ti aspetta un'esperienza interessante (anche se l'allevatore dovrebbe essere in grado di dirti quanto tempo ci è voluto per addestrare i genitori, così da darti un'idea di quanto potrebbe servirti per completare l'addestramento con il tuo cucciolo).

Durante questo periodo dovresti seguire due regole.

1. Il tuo cucciolo non deve essere lasciato libero di girare per casa quando non c'è nessuno a controllarlo. Il tuo Chihuahua non sarà contento all'idea di stare in un trasportino sporco; quindi, tenerlo dentro il trasportino sarà un buon deterrente dal fare i bisogni quando non sei presente.

2. Il tuo cucciolo dovrebbe avere un accesso costante e facile ai luoghi dove prevedi di educarlo alla pulizia. Questo è incredibilmente semplice, se dividi l'area del cucciolo in un punto dove vivere e una piccola zona dove andare in bagno.

Una volta organizzato il tuo piano di addestramento, sii pronto a far rispettare tutte le regole e il programma per i bisogni.

Capire il tuo cane

Ogni Chihuahua è diverso, quindi dovrai lavorare con il tuo cucciolo e comprenderlo come individuo per capire cosa funziona meglio con lui. Potrebbe volerci un po' prima che il tuo cucciolo capisca esattamente cosa vuoi nei primi giorni, perché ogni concetto sarà completamente nuovo per lui. Se l'allevatore ha già iniziato l'addestramento, è meglio continuare su quella linea. Considerando quanto sono intelligenti la maggior parte dei Chihuahua, se pensano di potersela cavare facendo i bisogni dove vogliono, è quasi sempre a causa delle persone che si prendono cura di loro.

La coerenza è fondamentale con tutti i cani, indipendentemente dalla loro personalità o razza. Il cibo è un grande motivatore, ma devi attenerti a piccoli premi, pezzetti di crocchette o Cheerios per evitare che il tuo cucciolo mangi troppo. Man mano che il tuo cucciolo inizia a mostrare di essere motivato nel vederti felice (ad esempio, si eccita quando lo fai tu o reagisce volendo giocare quando parli), inizia a usare le lodi tanto quanto i premi per rinforzare l'uso del bagno nel posto giusto.

Dovrai adattare il programma alle esigenze del tuo cucciolo. Per iniziare, pianifica sempre di portare il cucciolo al tappetino assorbente dopo aver mangiato e dormito – il tuo cucciolo avrà quasi certamente bisogno di andare dopo queste attività. Se riesci a portare con successo il cucciolo al tappetino, hai molte più possibilità di insegnargli ad andare nel posto giusto per fare i bisogni.

Poiché non fanno i bisogni fuori, devi essere davvero vigile con i Chihuahua. Come spiega Barbara Pendergrass di *Rafina Chihuahuas*: "A volte, ci si dimentica di educarli alla pulizia. È importante essere diligenti nell'osservarli; quando sembra che stiano per avere un incidente, prenderli in braccio e portarli al tappetino senza rimproverarli li aiuta a ricordare la lezione."

L'educazione alla pulizia non dovrebbe essere uno sforzo spaventoso; ma se il tuo Chihuahua decide che è troppo faticoso (anche se non deve uscire), può diventare frustrante. Rimanere paziente e gentile aiuterà a convincere il tuo Chihuahua che ne vale la pena. Se il tuo Chihuahua fa i suoi bisogni durante un momento di gioco, interrompi il

gioco, metti il Chihuahua in un recinto e pulisci immediatamente il
pasticcio: in questo modo, è molto
più probabile che il tuo Chihuahua
decida di usare i tappetini perché
interrompere il divertimento e dover aspettare che tu torni da lui
non sarà piacevole, per cui fare i
bisogni su un tappetino assorbente gli sembrerà un modo facile per
evitare l'interruzione.

Foto di
Kristina Lesoine

Dentro o fuori

Ricorda che non puoi mandare
il tuo cucciolo a fare i bisogni fuori da solo. Puoi far aggiungere una
rete su una parte del tuo giardino,
ma il tuo Chihuahua non dovrebbe essere mandato fuori da solo,
nemmeno da adulto. Le loro dimensioni ridotte permettono facil-
mente di passare attraverso piccoli spazi o aperture e raggiungere aree
non protette.

È molto più facile allestire aree in casa dove il tuo Chihuahua può
fare i bisogni. Ecco un paio di consigli dagli allevatori sull'addestramento
del tuo Chihuahua in casa.

1. "Durante il gioco in famiglia, tieni 2-3 tappetini assorbenti in vari
   punti della stanza (specialmente uno appena fuori dal recinto) e, se il
   recinto ha una porta, lasciala aperta mentre gioca fuori così può entrare a fare i suoi bisogni nell'area designata, se necessario." - Linda
   Jangula di Chihuahuas Wee Love

2. "Possono essere addestrati a usare i tappetini assorbenti, le porti-
   cine per cani o a uscire al guinzaglio. La cosa importante è che non
   dovrebbero mai essere lasciati fuori da soli, perché possono diventare prede di animali selvatici e uccelli." - Kathy Golden di Kactus
   Kathy's Chihuahuas

3. "Ricorda di essere paziente e non aspettarti miracoli dall'oggi al
   domani! Il successo arriva con pazienza e ripetizione." - Linda Jangula
   di Chihuahuas Wee Love

Stabilisci chi comanda: sii gentile ma fermo, molto fermo

Per quanto sia difficile, devi adottare un approccio fermo e coerente, non importa quanto sia carino il cucciolo. Combatti l'impulso di accontentarti: il tuo Chihuahua deve imparare a usare l'area designata e a trattenersi quando è in casa e lontano da un tappetino. Questo non accadrà se fai eccezioni. Il tuo Chihuahua è abbastanza intelligente da capire quando sei debole e sfrutterà la tua mancanza di fermezza come scusa per "dimenticare" dove andare in bagno.

Pensa all'addestramento del tuo Chihuahua come a quello di un gatto. Come non vuoi che il tuo gatto faccia i suoi bisogni in qualsiasi punto in casa, nemmeno il tuo Chihuahua dovrebbe essere libero di andare dove e come vuole.

Rinforzo positivo, una questione di rispetto

Il rinforzo positivo funziona incredibilmente bene per i Chihuahua, anche cuccioli. Porta con te alcuni pezzetti di crocchette o Cheerios quando stai insegnando al tuo cucciolo dove andare. Imparare che sei tu quello al comando aiuterà a insegnare al Chihuahua a guardare a te per segnali e istruzioni. Potrebbe cercare di spingerti un po', nel tentativo di convincerti che va bene lasciar correre un comando mancato perché vuole godersi il tempo con te e non essere costretto a fare qualcosa.

Oltre a essere fermo e coerente, quando il tuo cucciolo fa la cosa giusta, devi riempirlo di lodi. Ogni cane vuole sentirsi dire che è bravissimo e, se gli darai un premio extra o una crocchetta, questo lo farà sentire al settimo cielo.

Sapere cosa vuoi renderà più facile per il tuo Chihuahua iniziare a fare le cose come desideri. Concentrandoti su questo aspetto, stai stabilendo il rispetto necessario per tutti i futuri addestramenti.

Punire il tuo Chihuahua è fortemente sconsigliato. Le punizioni non fanno altro che insegnare al tuo Chihuahua a non fare qualcosa quando sei nei paraggi o a farlo dove non lo troverai (almeno, non subito). La lezione che stai cercando di insegnare al tuo Chihuahua è diversa da quella che lui apprende attraverso la punizione, motivo per cui è meglio attenersi al rinforzo positivo – quello è molto più comprensibile. Addestrare un Chihuahua (o qualsiasi cane) non è come insegnare a un umano; non puoi adottare lo stesso approccio.

Programma regolare, porticina per cani o giornali?

L'addestramento ai bisogni dovrebbe essere condotto principalmente all'interno della casa, dal momento che il tuo Chihuahua non può uscire da solo in sicurezza. È possibile che il tuo Chihuahua esca solo per le passeggiate e va benissimo, dato che l'esterno non sarà il suo luogo principale per fare i bisogni.

Proprio perché i Chihuahua non dovrebbero uscire da soli in nessuna circostanza, puoi evitare l'installazione di una porticina per cani. Anche se hai una rete su parte del giardino, ci sono troppi modi per il tuo piccolo di scappare.

I Chihuahua sono tra i più difficili da educare alla pulizia: dipende tutto da te

I Chihuahua amano renderti felice, ma vogliono anche fare ciò che è più facile per loro. Potresti trovarti di fronte a un lungo regime di addestramento quando si tratta di far imparare al tuo Chihuahua che l'intera casa non è un bagno. Poiché non devono uscire all'esterno, è più complicato educarli alla pulizia. Indipendentemente da quanto velocemente il tuo Chihuahua impara, se non sei fermo e coerente, il tuo cane sentirà che ogni angolo della casa è un posto accettabile per fare i bisogni.

Essere fermo non significa essere cattivo o urlare. Spaventare il tuo cucciolo avrà l'effetto opposto di ciò che vuoi insegnarli. Sii gentile, fermo e coerente: l'addestramento richiede una buona dose di pazienza, ma una volta che il tuo Chihuahua inizierà a imparare, le cose diventeranno più facili. Tieni presente che devi assicurarti che il tuo Chihuahua non "dimentichi" le sue lezioni: può essere complicato, ma se non permetti eccezioni, sarà molto più semplice.

Anticipare gli incidenti

In definitiva, il modo migliore per addestrare un Chihuahua su dove fare i bisogni è anticipare e agire prima che sia troppo tardi. Mantenere una routine è un ottimo modo per aiutare il tuo Chihuahua a capire quando deve fare i bisogni. Di solito, i cuccioli sentono lo stimolo dopo aver dormito e mangiato. Anche il momento del gioco può essere incredibilmente stimolante.

Quando il tuo cucciolo è fuori dalla sua area, tieni sempre d'occhio i segni che indicano che sta cercando un posto dove andare. Il cucciolo non dovrebbe essere lasciato da solo e, durante il gioco, è importante osservare eventuali segnali che possano indicare la necessità di fare i bisogni.

CAPITOLO 9.
Socializzazione ed esperienze

«*È importante che un cucciolo socializzi con altri cani di taglia simile e con quelli che sono calmi e di buona indole. Bisogna prestare estrema attenzione affinché il cucciolo non venga ferito o spaventato da un cane esuberante, anche se piccolo*».

Barbara Pendergrass
Rafina Chihuahuas

I Chihuahua non sono una razza particolarmente socievole, se non adeguatamente socializzati in tenera età. Tendono a nutrire una forte avversione per i cani più grandi e sono incredibilmente diffidenti verso gli estranei. Questo è uno dei motivi per cui sono spesso così vocali, abitudine che adottano per far sapere al mondo che non devono essere presi alla leggera. Quando si tratta di stare con la loro famiglia, però, i Chihuahua possono essere molto divertenti, oltre a essere incredibil-

Foto di
Elisha Jade Swanson

mente fedeli e amare i momenti di relax con i loro umani. Adorano anche stare con altri Chihuahua. Se non socializzati, saranno infelici quando dovranno uscire di casa o arriveranno visite. Vuoi che il tuo compagno si senta a suo agio ovunque andiate insieme: questo è l'obiettivo finale della socializzazione.

Dovrai pianificare con attenzione la socializzazione del tuo Chihuahua: naturalmente sospettosi verso altre persone e animali, senza un'adeguata pianificazione e un ambiente controllato, la socializzazione può prendere una brutta piega, molto velocemente. Se mantieni le cose semplici e sotto controllo, il tuo Chihuahua imparerà a rilassarsi e a godersi la compagnia di altre persone e cani, non solo di quelli della famiglia immediata. Questo significa che potrai portare il tuo piccolo membro della famiglia con te quando esci, invece di lasciarlo sempre a casa per evitare ansia, paura, aggressività e altre emozioni negative.

Benefici della socializzazione

È sempre importante socializzare i cani, ma lo ancora di più con i cani piccoli. Con un Chihuahua, la socializzazione è assolutamente essenziale per evitare che diventi un fascio di nervi o una piccola minaccia aggressiva. Le persone tendono a essere iperprotettive e caute quando hanno cani e cuccioli piccoli, e questo può portare a seri problemi in seguito. Dato che sono la più piccola di tutte le razze canine, capita spesso che i Chihuahua che non vengono trattati come cani. Questo è in parte il motivo per cui alcune persone hanno una così cattiva impressione di loro: senza un'adeguata socializzazione, i Chihuahua tendono a essere nervosi o aggressivi, e nessuno di questi tratti è piacevole per te o chi ti sta intorno. Inoltre, entrambi gli estremi sono incredibilmente dannosi per il tuo Chihuahua.

La socializzazione precoce può rendere le cose molto più piacevoli per tutti i coinvolti, indipendentemente dalla situazione. Un cane socializzato affronterà il mondo da una posizione molto migliore rispetto a un cane non socializzato. Un Chihuahua adeguatamente socializzato può essere una vera delizia da avere intorno, cosa fantastica considerando che è praticamente un cane in formato da viaggio.

Problemi derivanti dalla mancanza di socializzazione

La socializzazione inizia nel momento in cui il tuo cucciolo arriva a casa. Senza socializzazione, nessun tipo di addestramento aiuterà il tuo Chihuahua a interagire meglio con altri animali ed esseri umani. Tutte le regole che abbiamo visto in precedenza valgono anche durante la socializzazione; tienilo a mente mentre aiuti il tuo cane a fare nuove amicizie.

Se tratti il tuo cane come una bambola o un neonato, proteggendolo da tutto e da tutti, svilupperà la sindrome del cane di piccola taglia, in particolare quando hai un cane predisposto alla nervosità o all'aggressività come i Chihuahua. I Chihuahua devono poter imparare a interagire con gli altri in modo da non essere sempre terrorizzati o arrabbiati con te quando ci sono altre persone o cani intorno a loro. Non è salutare per il tuo Chihuahua essere sempre ansioso o nervoso in presenza di altri, specialmente quando puoi facilmente evitare queste tendenze. Dedica del tempo a socializzare il tuo cucciolo per rendere la sua vita piacevole e far sì che sia felice di incontrare nuove persone e cani tanto quanto lo siete tu e la tua famiglia.

Il modo più facile per approcciare la socializzazione è fare brevi passeggiate con il tuo Chihuahua. Iniziare con le persone, in particolare con gli adulti, è il percorso più semplice perché puoi far conoscere loro le tue regole e assicurarti che non facciano cose che potrebbero agitare o spaventare il tuo cucciolo. I cani potrebbero essere un po' spaventosi e il tuo cucciolo potrebbe non essere ancora completamente vaccinato, il che significa che non dovresti permettergli di conoscere altri canini, per il momento; tuttavia, è praticamente garantito che incontrerai persone durante le vostre passeggiate, il che significa che puoi iniziare la socializzazione poco dopo l'arrivo del tuo cucciolo.

Permettendo al tuo cucciolo di fare buone esperienze con altre persone fin dall'inizio, sarà più a suo agio con gli estranei. Questo sarà incredibilmente vantaggioso se prevedi di portare spesso il tuo cane con te o se hai regolarmente ospiti a casa.

Sindrome del cane di piccola taglia

Tutti i cani piccoli (non solo i Chihuahua) possono sviluppare la sindrome del cane di piccola taglia, se non sono adeguatamente socializzati. Quando le persone dicono che non amano i cani di piccola taglia, di solito parlano in base a esperienze con cani piccoli e non socializzati che

Foto di
Crystal Jay Herrald-Campbell

© Crystal Herrald-Cam

si sono comportati come dei piccoli terrori. Avere un Chihuahua non socializzato in modo adeguato non è pericoloso per la vita, ma significa che le persone non vorranno stare intorno al tuo Chihuahua tanto quanto il tuo Chihuahua non vorrà avere altre persone e cani intorno a sé. Questo degrada la qualità della vita del tuo cane e, probabilmente, anche la tua.

Il motivo per cui i cani di piccola taglia sono inclini a questo tipo di comportamento è che le persone tendono a essere eccessivamente attente con loro, portandoli in braccio invece di lasciarli camminare, permettendo loro di farla franca perché è "carino" e pensando che l'aggressività non sia un gran problema. Un Chihuahua non può fare neanche lontanamente tanti danni quanto un cane di taglia media, motivo per cui le persone tendono a essere più indulgenti verso i comportamenti scorretti. È peggio se lo incoraggi ridendo o trovandolo divertente.

La personalità del tuo Chihuahua sarà compromessa se non agisci in modo fermo e coerente. Non sono bambini e possono capire molto più dei bambini piccoli quando sono adulti. Ciò significa che possono anche sfruttare la tua mancanza di addestramento per fare ciò che vogliono. È incredibilmente difficile rieducare un Chihuahua, una volta che sviluppa questi comportamenti negativi.

Dovresti sempre applicare le regole in modo coerente, indipendentemente dalla taglia del tuo cucciolo e cane. Essendo un canino intelligente, il Chihuahua impara che il comportamento scorretto sarà tollera-

to fin dai primi giorni se non applichi le regole in modo coerente. Se sei protettivo verso il tuo cucciolo, quel cagnolino intelligente imparerà a temere le cose da cui lo proteggi. Invece di tenere il tuo cucciolo isolato, lascia che il piccolo esplori tanto quanto faresti con una razza di cane più grande. Ovviamente, se stai camminando nel tuo quartiere e incontri un cane aggressivo, tieni lontano il tuo cucciolo in modo che non veda i cani che incontra fuori casa come una minaccia. Inoltre, tieni presente che devi percorrere una distanza che il tuo cucciolo può gestire in modo da non essere tentato di prenderlo in braccio se si stanca. Puoi lasciare che il tuo cucciolo saluti cani amichevoli, cosa che puoi determinare chiedendo alle persone che portano a spasso il cane sconosciuto. Se dicono che va bene, il tuo piccolo amico avrà la possibilità di annusare i nasi e vedere quanto è bello incontrare altri cani. Sii preparato al fatto che il tuo cucciolo potrebbe essere un po' meno che contento di socializzare con i cani grandi. Se dedichi molto tempo alla socializzazione, è probabile che avrai un Chihuahua che considera i cani sia piccoli che grandi più o meno allo stesso modo, invece di discriminare le razze più grandi.

Perché la genetica è importante

La genetica è importante non solo per la salute del cane, ma anche per la sua personalità: data l'ampia gamma di potenziali personalità, vuoi ottenere un cane che abbia genitori con un temperamento simile a quello che desideri nel tuo cane. La socializzazione precoce può aiutare a far emergere l'amore per nuove persone, cani ed esperienze. Vorrai sapere se i genitori del tuo cucciolo sono nervosi o distaccati per sapere cosa aspettarti, osservare questi tratti e correggerli il prima possibile.

Conoscere le personalità dei genitori ti aiuterà anche a pianificare l'addestramento. Se uno dei genitori tende a essere timido o attivo, puoi pianificare di sfruttare i punti di forza e di debolezza segnalati dall'allevatore.

Problemi comuni

Questa è una razza nota per essere o molto vocale o terrorizzata da tutto. Questi due sentimenti sono sicuramente gli estremi di uno spettro, ma è possibile che senza socializzazione, potresti avere questi problemi con il tuo cane.

Uno dei problemi più segnalati con i Chihuahua è l'aggressività verso altri cani, in particolare quelli grandi. Possono anche essere aggressivi verso le persone, il che può essere un problema serio se iniziano a mordere. La maggior parte di questi comportamenti sono sintomatici della sindrome del cane di piccola taglia, sebbene i Chihuahua tendano naturalmente a non amare i cani più grandi. Dato che non ci sono cani più piccoli di questa razza, senza un'adeguata socializzazione il tuo Chihuahua svilupperà un atteggiamento aggressivo verso la maggior parte dei cani che incontrerà.

I Chihuahua sono noti anche per abbaiare molto. Anche se non manifesta comportamenti aggressivi o ostili, potresti scoprire che il tuo Chihuahua, semplicemente, non sa quando tacere. Potrebbe scattare al minimo rumore e andare in crisi per qualcuno che bussa alla porta. Addestrare il tuo Chihuahua a essere meno fastidioso aiuterà a rendere i vostri 15-20 anni insieme molto più piacevoli.

Salutare correttamente nuove persone

Le persone mostrano tipicamente due reazioni quando incontrano i Chihuahua: o sono entusiaste e vogliono giocare o appaiono infastidite, passando oltre senza guardare il tuo cane. Se il tuo cane è molto vocale, otterrai molto più spesso la seconda reazione.

Il problema maggiore è rappresentato proprio dagli estranei che si avvicinano per giocare con il tuo cucciolo: è possibile che alcune persone non comprendano la corretta etichetta e cerchino di prendere in braccio

il tuo Chihuahua. Le persone che agiscono senza prima ottenere l'approvazione dovrebbero essere evitate, se non ascoltano quando spieghi che il tuo cucciolo non dovrebbe essere tenuto in braccio.

Le regole che si applicano dentro casa valgono anche fuori: lascia che sia il tuo cucciolo a iniziare l'interazione. Gli estranei possono abbassarsi e tendere una mano, ma è il tuo cagnolino che dovrebbe avvicinarsi a loro, non il contrario. Vuoi che l'esperienza sia divertente ed emozionante per il tuo giovane amico a quattro zampe: questo significa che l'interazione dovrebbe avvenire alle condizioni del cucciolo, in modo che non si senta sopraffatto o che non si faccia l'idea che ciò che vuole non conta. Iniziando il contatto, il cucciolo svilupperà un senso di comfort quando si trova fuori casa.

Comportamento intorno ad altri cani

Ci sono molti Chihuahua che vivono in case con altri cani, sia grandi che piccoli. Con una corretta socializzazione, il tuo Chihuahua può imparare che i cani grandi sono divertenti da avere intorno, ed è ancora più facile se hai cani grandi e amichevoli a casa.

Se non hai altri cani, lo troverai più impegnativo. All'inizio, il tuo Chihuahua non dovrebbe essere esposto ad altri cani finché non ha completato le vaccinazioni; questo significa evitare attivamente i cani fuori casa. Vorrai farlo in un modo che non dia al tuo cucciolo l'impressione che sia perché l'altro cane è pericoloso. Non appena il tuo cucciolo avrà ricevuto tutte le vaccinazioni, chiedi agli amici di organizzare incontri di gioco con i loro cani (se i loro cani sono amichevoli). Il completamento delle vaccinazioni potrebbe ritardare l'inizio della socializzazione con altri cani; quindi, è ancora più importante iniziare il prima possibile. Vuoi che il tuo Chihuahua si senta a suo agio a lasciare la casa, ma questo sarà quasi impossibile se il piccolo non ha esperienze positive con altri cani.

Alcuni allevatori consigliano anche di avere almeno due Chihuahua alla volta. I Chihuahua non hanno la stessa avversione per la propria razza come alcune altre razze; avere un secondo Chihuahua significa che non ti sentirai in colpa a lasciare il tuo cane da solo a casa. Questo può ridurre la sua ansia e dargli qualcuno con cui giocare quando non ci sono persone intorno.

CAPITOLO 10.
Essere un genitore di cucciolo

Avere un cucciolo come animale domestico può essere incredibilmente divertente ed emozionante. Allo stesso tempo, è incredibilmente stancante e frustrante. Un cucciolo porta una prospettiva completamente nuova sul mondo che le persone semplicemente non vedono senza la guida di un piccolo amico a quattro zampe. Questo è ciò che rende difficile vedere un cucciolo di Chihuahua come la piccola creatura distruttiva che può essere.

Quando si tratta di Chihuahua, questo rapporto è complicato dal fatto che il tuo cucciolo può essere testardo e, con la sua intelligenza, qualsiasi eccezione alle regole sarà ricordata e sfruttata per molto tempo. Se percepisce qualsiasi esitazione, è abbastanza intelligente da sapere come sfruttarla. Se decidi che qualcosa è "quasi accettabile", lui lo sfrutterà a suo favore. Il tuo Chihuahua è molto sintonizzato con te e il tuo atteggiamento e, se mostri qualsiasi debolezza nel fargli fare ciò che dovrebbe, manipolerà questa situazione in futuro, cercando modi per farti replicare la tua decisione di lasciar correre.

Foto di
Crystal Jay Herrald-Campbell

Quando sono addestrati correttamente, i Chihuahua sono compagni incredibili; serve solo molto lavoro nei primi giorni per assicurarsi che impari le abitudini giuste.

Mantenere una fermezza costante

Quando si tratta di addestrare un Chihuahua, devi essere fermo e coerente. Nel corso della sua vita, il tuo Chihuahua cercherà di farla franca con comportamenti scorretti non per ribellione, ma solo per vedere se ci riesce. È uno dei motivi principali per cui non puoi davvero fare eccezioni alle regole per lui, nemmeno quando è ancora un cucciolo.

Se ti abitui a fare eccezioni perché il cucciolo è adorabile, non riuscirai ad addestrare con successo il tuo Chihuahua. Per quanto sia piccolo, può essere molto sveglio. È intelligente e può essere piuttosto testardo nel cercare di ottenere ciò che vuole, motivo per cui devi essere inflessibile con il tuo cucciolo se desideri un cane ben educato.

Il tuo cane non intende fare del male e certamente non sta cercando di essere ribelle. Semplicemente, i Chihuahua amano fare le cose a modo loro e sono generalmente abbastanza furbi da riuscirci. Tuttavia, un eccesso di testardaggine potrebbe indicare che il tuo cucciolo non ti rispetta. Ecco perché è così importante essere coerente e fermo: il tuo cane deve sapere che sei tu l'alfa del branco in ogni momento.

Il mordicchiare del cucciolo e a cosa fare attenzione

I cuccioli mordicchiano. All'inizio, stanno mettendo i denti e affondare i denti in qualcosa li fa sentire meglio; successivamente, lo fanno come parte del loro processo di apprendimento e socializzazione. I Chihuahua sono una delle razze con cui devi stare particolarmente attento, perché hanno la tendenza a essere distruttivi quando si annoiano. Mordicchiare le cose può essere semplicemente un'abitudine o un modo per farti sapere che non gli piace essere lasciato solo. Poiché il tuo cucciolo è così piccolo, può intrufolarsi in molti posti per mordicchiare cose che non dovrebbe assolutamente toccare; questo è uno dei motivi per cui il tuo piccolo non dovrebbe essere lasciato fuori dalla sua area dedicata senza supervisione.

Per i primi mesi dopo l'arrivo del cucciolo a casa, dovresti tenerlo al sicuro in un luogo dove ci sono solo poche cose da masticare. Devi anche assicurarti che il tuo cucciolo non abbia modo di fuggire dalla sua area. Ciò significa assicurarsi che non ci siano mobili o oggetti che possono essere spostati o fatti cadere e su cui saltare. Il tuo Chihuahua inizierà a risolvere rompicapi sorprendentemente presto e, sebbene non sarà incline ad abbattere cancelli e barriere, non avrà problemi a trovare modi per aggirarli.

Quando il tuo cucciolo non è nel suo spazio recintato, devi tenerlo d'occhio in ogni momento. Proprio come quando ti prendi cura di un neonato o di un bambino piccolo, ogni volta che ti giri per guardare altrove, quel cucciolo si metterà nei guai con cose in cui non dovrebbe ficcare il naso. Se non hai tempo di tenere d'occhio il tuo Chihuahua, tieni il cucciolo in un posto dove non c'è molto da masticare (oltre alle cose che non ti dispiace che il cucciolo mastichi).

Puoi tenere giocattoli e oggetti da masticare intorno al tuo cucciolo in ogni momento, in particolare nell'area designata del tuo Chihuahua. Questo aiuta il cucciolo a imparare cosa è appropriato masticare. Quando è il momento di uscire e giocare, il tuo Chihuahua imparerà cosa non masticare: ecco perché devi mantenere la tua attenzione costantemente su di lui. Con il tempo, il tuo cane imparerà quali cose sono accettabili da usare come giocattolo da masticare.

Possibili problemi con i Chihuahua

«Uno dei comportamenti più indesiderati è l'abbaiare aggressivo con cui alcuni proprietari hanno a che fare regolarmente».

Linda Jangula
Chihuahuas Wee Love

Oltre all'aggressività, una delle lamentele principali che le persone hanno sui Chihuahua è che abbaiano molto. Informarsi sui genitori può aiutarti a determinare la probabilità che questo diventi un problema con il tuo cucciolo; tuttavia, dovresti pianificare di addestrare il tuo cucciolo a non abbaiare incessantemente anche se i genitori sono relativamen-

Foto di
Kayleigh Denyer

te tranquilli. Con ogni probabilità i genitori sono stati addestrati a non abbaiare; quindi, potrebbe non essere tanto un tratto della personalità quanto il frutto di un ottimo addestramento. Assicurati di chiedere all'addestratore. Questo è anche il motivo per cui la socializzazione è così importante.

Per scoraggiare l'abbaiare costante, puoi usare una pistola ad acqua per bagnare leggermente il tuo Chihuahua quando inizia ad abbaiare. Proprio come scoraggia i gatti, un getto d'acqua a sorpresa sul corpo non sarà troppo apprezzato da un Chihuahua. Fai sempre attenzione a non bagnare le sue orecchie.

Linda Jangula avverte anche di un altro problema: «Un'altra problematica simile a quella di molte altre razze è la marcatura o il fare pipì in casa. Poiché questi piccoli cani sono così vicini al pavimento o al tappeto, può essere difficile vedere quando stanno marcando, il che permette che diventi un'abitudine prima che il proprietario se ne renda conto». Dovrai osservare costantemente il tuo cucciolo, in particolare i maschi. Se noti che il tuo cucciolo non sta seguendo le regole dell'educazione alla pulizia, potresti dover scoraggiare il desiderio del tuo cucciolo di marcare la tua casa usando un pannolino a fascia.

Oltre ai problemi con l'abbaiare e l'educazione alla pulizia, i Chihuahua sono noti per mangiare feci. Poiché sono vicini al terreno, sono in grado

Foto di Donna Bass

di afferrare la cacca prima che tu noti che è lì. È un comportamento davvero disgustoso e può essere difficile da scoraggiare, se non tieni costantemente d'occhio il tuo Chihuahua mentre siete fuori a passeggio. Dovrai rimanere vigile anche dopo che il tuo Chihuahua diventerà adulto, poiché è un'abitudine che può acquisire anche dopo che non è più un cucciolo perché l'odore è troppo allettante, specialmente se vai vicino a luoghi frequentati da uccelli acquatici. Fortunatamente, non hai bisogno di trascorrere molto tempo all'aperto con il piccolo, il che può rendere molto più facile aiutarlo a trattenersi da questo comportamento disgustoso.

Il momento del gioco

Il momento del gioco è fantastico per te e il cucciolo: il tuo Chihuahua vuole solo stare con il suo branco divertendosi e tu gli stai dando tutto ciò di cui ha bisogno per stare lontano dai guai. Per non parlare del fatto che un Chihuahua è così incredibilmente carino da cucciolo che è difficilmente un peso giocare con lui fino a quando è troppo stanco per fare altro.

Trova del tempo nella tua agenda per momenti di gioco regolari. Non importa quanto sei occupato, questa è una cosa che devi fare diverse volte al giorno per addestrare correttamente il tuo Chihuahua. Non gli piacerà stare da solo e questo è il periodo in cui può davvero iniziare a capire le regole e i limiti. Puoi addestrarlo nel corso di tutta la sua vita, ma ciò che gli insegni ora avrà un enorme effetto su quanto bene potrai addestrarlo mentre matura e in seguito. Ricorda, questa è la base per tutto l'addestramento futuro del tuo cucciolo.

Inizia a insegnare trucchi al cucciolo il prima possibile: questo non solo mantiene attiva la mente del tuo Chihuahua, ma può aiutarti a creare un legame con lui. È un modo straordinariamente piacevole per coinvolgere il Chihuahua in una stimolazione fisica e mentale che ridurrà la tendenza a masticare e distruggere tutto ciò che è nelle vicinanze.

I Chihuahua amano stare con te e il tuo cucciolo vorrà impressionarti con ciò che sa fare. Portarlo in giro per esplorare ed essere attivo è il massimo della vita per un Chihuahua. Giocare con il tuo cucciolo gli fornisce un ambiente sicuro e divertente per imparare come comportarsi. La tua dedizione ora si tradurrà in un compagno adorabile, amorevole e fedele per molto tempo.

CAPITOLO 11.
Convivere con altri cani

C I cuccioli di Chihuahua hanno molte più probabilità di anda-re d'accordo con il tuo cane o i tuoi cani attuali rispetto a un Chihuahua adulto. Questo non significa che accetterà completamente i tuoi altri cani, ma puoi considerarlo un modo semplice per iniziare la socializzazione una volta che il tuo cucciolo avrà fatto tutte le vaccinazioni necessarie.

I Chihuahua preferiscono avere compagnia, ma la maggior parte degli allevatori consiglia di avere un altro Chihuahua perché amano i loro simili tanto quanto amano i loro umani di riferimento. Kathy Golden di Kactus Kathy's Chihuahuas lo spiega bene: "I Chihuahua tendono a essere un po' settari e non amano particolarmente altre razze, specialmente i cani di taglia grande". Se hai già un cane, questo può aiutare il tuo

Foto di
Karen Moore

Chihuahua a iniziare a superare questi pregiudizi; tuttavia, dovrai procedere nel modo giusto per permettere al tuo Chihuahua e all'altro cane di sentirsi a proprio agio l'uno con l'altro.

Presentare il tuo nuovo cucciolo

Le presentazioni devono iniziare in un luogo neutrale perché il tuo cane potrebbe sentirsi territoriale. Un terreno neutro farà sentire il tuo cane più a suo agio con il nuovo cucciolo, dato che il nuovo Chihuahua non starà invadendo lo spazio del tuo cane. Non importa che tipo di cucciolo sia, questo è sempre vero quando introduci un nuovo cane nella tua casa.

Man mano che il tuo cucciolo e il tuo cane (o cani) iniziano a sentirsi a proprio agio l'uno con l'altro, potete iniziare a tornare verso casa: in tal modo, quando entreranno tutti insieme in casa, ci sarà già una certa familiarità tra il tuo cucciolo e il resto del tuo branco.

Questa sensazione di familiarità non è un legame indissolubile. Dovrai tenere separati il cucciolo e gli altri cani quando non sei presente. Il cucciolo dovrebbe avere a disposizione uno spazio dove solo lui può riposare. Questo faceva parte del lavoro di preparazione iniziale, quindi quando il cucciolo arriva in casa, quest'area dovrebbe essere già predisposta.

Non ci dovrebbe essere nulla nell'area del cucciolo che appartenga ai tuoi altri cani. Non avere un'area separata può creare tensioni e problemi inutili che difficilmente si risolveranno in modo pacifico. Il tuo Chihuahua vorrà masticare tutto e il concetto di proprietà non significa ancora molto per lui; tuttavia, il tuo cane lo vedrà come una sfida al suo posto e potrebbe reagire di conseguenza. Questo vale anche quando il cucciolo è fuori dall'area designata. Devi assicurarti che eventuali oggetti appartenenti al tuo altro cane non siano alla portata del cucciolo. Tutto quello che devi fare è riporre i giocattoli dell'altro cane quando è il momento per il cucciolo di giocare.

I pasti dovrebbero avvenire in luoghi diversi della casa. Il cibo è una delle maggiori cause di gelosia e non vuoi alcun tipo di tensione inutile tra il tuo cucciolo e i tuoi animali domestici attuali. Potrai avvicinare le ciotole in seguito per rendere più facile il momento del pasto, ma almeno all'inizio dovresti tenerle separate.

I cani diventano gelosi quando vedono i loro umani dare attenzioni ad altri cani, anche se cuccioli. Preparati a questo quando porti il cucciolo a casa. Dovrai assicurarti che il tuo cane continui ad avere del tempo da

Foto di
Joanna Elliker

solo con te in modo che non percepisca il cucciolo come un sostituto. Assicurati di avere già stabilito regole e programmi in modo da poter dare al tuo altro cane abbastanza attenzioni quotidiane. Dovrai essere fermo e coerente sia con il cucciolo che con il tuo cane più grande.

Uno dei maggiori vantaggi di avere già un cane in casa è che molto probabilmente inizierà automaticamente a rimproverare il tuo cucciolo quando si comporta male. Il tuo cane non proverà lo stesso senso di adorazione guardando il cucciolo, il che lo renderà un ottimo mentore e insegnante per il cucciolo di Chihuahua. Anche se non puoi fare affidamento sul cane come addestratore principale del tuo Chihuahua, la sua presenza aiuta il cucciolo a capire dove si trova nel branco e quali comportamenti non sono accettabili. Devi lasciare che il tuo cane faccia i rimproveri, ma assicurati che il cucciolo non subisca danni. Pensare al tuo cane come a una babysitter può aiutarti a stabilire il giusto equilibrio nel modo in cui il cane e il cucciolo interagiscono.

Se il tuo cane non assume un ruolo del genere, va bene lo stesso. Non devi cercare di imporre un ruolo al tuo cane con il nuovo cucciolo. I cani lo capiranno da soli, se dai loro tempo e li supervisioni fino a quando non si stabilisce un equilibrio.

Mentalità del cane da appartamento

Poiché i Chihuahua non possono uscire senza supervisione, sono una delle poche razze che trascorrono la maggior parte della loro vita in casa. Questo dà loro una prospettiva diversa del mondo e renderli anche un po' più protettivi del loro spazio, se non sono adeguatamente socializzati. Se hai già un cane, questo può aiutare il tuo Chihuahua a sentirsi più a suo agio, ma potrebbe anche essere problematico se lasci uscire il tuo cane, ma non il Chihuahua. Non solo il Chihuahua potrebbe diventare geloso degli odori che non sta sperimentando, ma il tuo cane potrebbe diventare geloso del fatto di dover uscire con pioggia, nevischio o altro tempo sgradevole. Dovrai tenere d'occhio questa situazione per mantenere la pace tra i tuoi cani. Il tuo Chihuahua avrà una comprensione molto diversa del mondo, poiché la maggior parte della sua lunghissima vita sarà trascorsa dentro casa.

Morsi, lotte e gestione della rabbia del cucciolo

Foto di
Tasha Snitch

I cuccioli sono impegnativi per molte ragioni, ma questo può essere uno dei problemi più difficili da affrontare con un cane giovane. I Chihuahua sono noti per essere piuttosto equilibrati, ma devi tenere d'occhio il cucciolo quando è piccolo. Ci saranno momenti in cui il cucciolo non sarà felice e il risultato potrebbe essere mordicchiare e scagliarsi contro il tuo altro cane. Questo comportamento, probabilmente, si verificherà anche quando il tuo cucciolo di Chihuahua raggiungerà la taglia adulta.

Fermezza e coerenza sono l'unico modo per affrontare questo problema.

Un Chihuahua non addestrato può essere un cane piuttosto mostruoso. Questa è una razza che richiede addestramento per combattere l'impulso di costringere gli altri cani a fare le cose in un certo modo.

Devi anche trascorrere molto tempo con il cucciolo in modo da capire quando sta giocando e quando è arrabbiato. Quando noti un comportamento aggressivo (non solo giocoso), devi intervenire immediatamente e insegnare al tuo Chihuahua che questo è un comportamento inaccettabile.

Iniziare l'addestramento in una fase molto precoce può aiutarti a capire quando il tuo cucciolo sta giocando e quando il comportamento va un po' oltre il gioco.

Crescere più cuccioli contemporaneamente

Poiché molti allevatori consigliano di avere più di un Chihuahua alla volta, potresti decidere di prenderne più di uno. Crescere un cucciolo è quasi un lavoro a tempo pieno, ma c'è chi si cimenta nel crescerne addirittura due contemporaneamente. Se vuoi crescere due cuccioli di Chihuahua allo stesso tempo, ti aspetta sicuramente una sfida: questi cani non sono sciocchi e, quando uniscono i loro cervelli, non è semplice essere più furbo di loro. Dovrai lavorare sodo per farli comportare come vuoi tu una volta raggiunta la maturità.

Una delle prime cose che noterai scomparire è la tua vita personale. Passerai la maggior parte della giornata a occuparti dei tuoi cuccioli. Questo è assolutamente essenziale, se non vuoi avere il doppio della distruzione in casa.

Prima di tutto, devi trascorrere del tempo sia con loro insieme, sia individualmente: non sono lo stesso cane; quindi, non puoi trattarli allo stesso modo. Ogni cucciolo avrà punti di forza e debolezze diverse. Trascorrere del tempo con loro insieme è facile, ma devi anche dedicare del tempo a ciascuno di loro separatamente. Sarà una sfida, specialmente quando uno guaisce mentre giochi con l'altro. Uno dei modi migliori per affrontare questo problema è avere qualcun altro che giochi con l'altro cucciolo, per poi scambiarsi. Questo mantiene entrambi i cuccioli felicemente occupati ed evita che diventino gelosi l'uno dell'altro.

Foto di
Claire Borg

Proprio come il tuo cucciolo potrebbe litigare con un cane più anziano, i cuccioli di Chihuahua quasi certamente inizieranno a combattere quando avranno tra i tre e i sei mesi. A questa età, iniziano a stabilire quale di loro è il cane dominante, e va bene così. Devi solo assicurarti che capiscano che tu sei l'alfa del branco, in modo che non inizino a mettere in discussione la tua autorità su di loro.

Proprio come devi ridurre al minimo le distrazioni dei cuccioli (e loro saranno le loro peggiori distrazioni), devi ridurre al minimo anche le tue. Se stai preparando il loro cibo, devi rimanere concentrato su questo finché i cuccioli non stanno mangiando. Se ti stai preparando per una passeggiata, appena metti i guinzagli, esci dalla porta. I cuccioli stanno osservando e imparando, quindi mostra loro come rimanere concentrati e portare a termine le cose. Se non lo fai, non potrai incolpare nessun altro quando inizieranno a diventare turbolenti e ingestibili mentre aspettano. Dopotutto, li hai eccitati all'idea di mangiare o passeggiare solo per lasciarli in attesa: i cani non capiscono il concetto di pazienza, ma con tutta quell'eccitazione ora repressa e pronta a esplodere, sarai tu a soffrire per non aver portato a termine l'attività successiva.

Ricorda, il loro cattivo comportamento è in realtà un riflesso di come li hai addestrati. Se richiedi costantemente che si concentrino durante l'addestramento, ma non riesci a concentrarti tu stesso nello svolgere compiti con loro, entrambi i tuoi cuccioli lo noteranno. Sii coerente e concentrato per evitare molti problemi inutili con i tuoi cuccioli.

Se non riesci a decidere se vuoi un secondo Chihuahua, puoi prendere un cucciolo di Chihuahua e uno di un'altra razza. È molto probabile che i cani finiscano per avere comportamenti abbastanza simili, evidenziando come l'addestramento, l'ambiente e l'attenzione giochino un ruolo importante nella crescita del cucciolo. Oppure, potresti scoprire che i tuoi due cani hanno personalità molto diverse e distinte. Portare a casa cuccioli di razze diverse è certamente un esperimento interessante che può darti qualcosa da osservare per anni e ti darà una comprensione molto migliore della razza.

CAPITOLO 12.
Addestrare il tuo cucciolo di Chihuahua

IChihuahua sono in grado di capire le cose molto più velocemente rispetto ad altri cani di piccola taglia. Nonostante l'energia abbondante e il desiderio di trascorrere tempo con te, addestrare un Chihuahua sarà probabilmente più facile che con molti altri cani piccoli (anche se non facile come con i cani da lavoro e le razze particolarmente intelligenti). Potresti dover superare un po' di testardaggine, perché i Chihuahua possono essere ostinati; tuttavia, con un approccio fermo e costante, il tuo Chihuahua imparerà a rispettarti e ad ascoltarti.

Lavorare con un cucciolo carino ed energico può essere faticoso, ma se seguirai alcuni principi fondamentali, scoprirai che il tuo Chihuahua apprenderà l'addestramento molto più rapidamente. Tieni presente che addestrare il tuo cucciolo è un impegno a lungo termine. Anche se il tuo Chihuahua non è ribelle, probabilmente preferisce divertirsi. Il tuo cucciolo non vorrà farti arrabbiare, ma i suoi occhioni dolci e le suppliche gentili possono essere molto efficaci e i Chihuahua impareranno molto rapidamente a sfruttare questa tattica, soprattutto se cedi durante una sessione di addestramento.

Data la piccola taglia del cane, anche da adulto, molte persone continueranno sempre a considerare il loro Chihuahua come un cucciolo – è

Foto di
Carrie- Anne Selwyn

incredibilmente difficile non pensarla così. Se consideri quanto sia intelligente il tuo Chihuahua, gli stai facendo un grande torto non addestrandolo il prima possibile. I cani intelligenti hanno bisogno di usare il cervello per evitare la noia e i comportamenti distruttivi.

Fermezza e coerenza

Ci sono molte situazioni nella vita in cui potresti pensare che qualcosa sia "abbastanza". Questo non è mai un buon approccio con un cane intelligente, che studierà le sue persone e troverà modi per ottenere ciò che vuole con il minimo sforzo possibile. Il desiderio di compiacerti continuerà a motivare un Chihuahua, ma se sei disposto a cedere anche solo di un centimetro, il tuo cucciolo se ne approfitterà e vedrà fino a che punto può spingerti. Eccezioni e indulgenza vengono interpretate dal tuo cucciolo come un certo controllo sulla situazione: questo non è qualcosa che vuoi che impari quando è giovane, poiché renderà solo più difficile fargli prendere sul serio le tue indicazioni in futuro.

Mantenere un approccio coerente e fermo durante l'addestramento renderà la vita più facile sia per te che per il tuo cucciolo. Anche se sei stanco dopo una lunga giornata di lavoro, devi far rispettare le regole. Non importa quanto il tuo cucciolo sia carino o affettuoso, devi assicurarti che tutte le regole che gli hai insegnato rimangano saldamente in vigore. Se non te la senti, chiedi a un familiare di occuparsi dell'addestramento. Se non hai nessuno che possa aiutarti, puoi variare un po' l'addestramento per renderlo più piacevole. Va bene cambiare le cose se stai attraversando un momento difficile, purché tu rimanga coerente. Interagire con il tuo Chihuahua può rendere l'esperienza molto più piacevole e può persino tirarti su di morale. Coerenza e fermezza non significano che devi fare sempre le stesse cose; devi solo assicurarti che il tuo cucciolo capisca che sei tu al comando e che su questo non si negozia. Questo manterrà il tuo cucciolo sulla strada giusta per diventare un ottimo compagno, invece di un piccolo dittatore.

Se tutti in famiglia partecipano all'addestramento, devi assicurarti che tutti seguano le stesse regole. Stephanie Lucas di *Lucas Chihuahuas* dice: «Sii coerente. Insegna a tutti in famiglia a usare le stesse parole e dì ai tuoi familiari di non pronunciarle a meno che non abbiano il tempo di portare a termine ciò che dicono. Se dici "fuori", dovete uscire. Non è una domanda. Un cane ben addestrato è un cane amato e ha meno probabilità di essere abbandonato in un canile».

In definitiva, il successo del tuo Chihuahua è il tuo successo. Tutto ciò che il tuo cane impara a fare con successo è perché sei stato fermo e coerente quando è arrivato il momento di addestrarlo.

Guadagnare rispetto fin dall'inizio

Essere fermo e coerente nel tuo approccio all'addestramento ti farà guadagnare rispetto dal tuo piccolo amico a quattro zampe fin dall'inizio della vostra relazione. Questo è qualcosa che dovrai continuare a costruire nel tempo. Senza rispetto, il tuo Chihuahua penserà che non dica sul serio e inizierà a cercare di fare di testa sua. Finché sarai fermo e coerente, il rispetto dovrebbe essere una parte naturale del vostro legame. Ciò significa che non puoi fare più cose contemporaneamente mentre addestri il tuo cucciolo o anche solo mentre giochi con lui: il Chihuahua vuole la tua completa attenzione e troverà un modo per ottenerla, anche se significa infrangere le regole.

Foto di Ramona Kleespies

Il rinforzo positivo è il modo migliore per guadagnare rispetto, soprattutto se usi l'interazione positiva. Giocare e addestrare il tuo cucciolo ogni giorno aiuta a costruire una relazione sana e positiva che insegnerà al tuo cucciolo dove si colloca nel branco. Il tuo Chihuahua imparerà che fa parte della famiglia, ma che sei tu quello al comando.

Basi del condizionamento operante

Il condizionamento operante è il termine scientifico per "azioni e conseguenze": ciò che devi fare è presentare al tuo cucciolo di Chihuahua le giuste conseguenze per ogni comportamento.

Il modo migliore per utilizzare il condizionamento operante è attraverso il rinforzo positivo, soprattutto perché il Chihuahua è molto attaccato alle persone. Questo tipo di addestramento è più efficace con i cani da lavoro e i cani che hanno una lunga storia con le persone perché vogliono compiacere i loro proprietari. Vogliono lavorare con te e svolgere i loro compiti: sapere che stanno facendo qualcosa di giusto incoraggia il loro comportamento molto di più che sapere quando fanno qualcosa di sbagliato. Con così tanta energia, saranno in grado di continuare a provare finché non ci riusciranno.

Ci sono due tipi di rinforzi per il condizionamento operante:

- Rinforzi primari
- Rinforzi secondari

Userai entrambi durante l'addestramento del tuo Chihuahua.

Rinforzi primari

Un rinforzo primario dà al tuo cane qualcosa di cui ha bisogno per sopravvivere, come cibo o interazione sociale. Entrambi possono essere efficaci per addestrare il tuo Chihuahua, dal momento che ama passare del tempo con te e potrebbe essere felice di ricevere premietti. È esattamente questo che rende i premietti così efficaci durante l'addestramento.

Inizialmente, ti affiderai ai rinforzi primari poiché non devi insegnare al tuo Chihuahua ad apprezzarli. Tuttavia, devi mantenere un equilibrio: l'ora dei pasti e del gioco non dovrebbero mai essere negate al tuo cucciolo, indipendentemente da quanto male si comporti. Questi momenti sono essenziali per vivere e fornirgli l'essenziale è uno dei tuoi doveri; su questo non si negozia. I premietti e il tempo di gioco extra rappresentano degli incentivi che devi usare per rinforzare il buon comportamento.

È meglio eccedere nel dare troppa attenzione e affetto, piuttosto che troppi premietti: a causa della loro piccola statura, i Chihuahua hanno bisogno di mantenere una dieta ben equilibrata per essere in salute. Se ti affidi ai premietti invece che all'attenzione, stai preparando te stesso e il tuo cucciolo a seri problemi di salute in futuro.

Rinforzi secondari

Hai usato la ripetizione per diventare bravo nei tuoi hobby, sport e altre attività fisiche – questo è il rinforzo secondario. Senza dubbio, l'esperimento di Pavlov con i cani è l'esempio più riconoscibile di rinforzo secondario. Usando una campana, Pavlov insegnò ai cani del suo test che quando la campana suonava, significava che era ora di mangiare. Di

Foto di
Rayne Music

riflesso, i cani iniziarono ad associare il suono della campana all'ora dei pasti, condizionati ad associare il suono a un rinforzo primario. Puoi vedere lo stesso principio in azione a casa tua quando usi un apriscatole: se hai gatti o cani, probabilmente accorrono non appena sentono il rumore dell'apriscatole.

I rinforzi secondari funzionano perché il tuo Chihuahua associa il trigger a qualcosa di necessario, rendendo il tuo cucciolo più propenso a fare come gli dici. I cani che sono stati addestrati a sedersi usando solo un premietto reagiranno automaticamente, sedendosi quando hai un premietto in mano. Non aspetteranno nemmeno che tu dica loro di sedersi: sanno che sedersi significa più cibo; quindi, lo fanno automaticamente una volta che crei quell'associazione. Ovviamente, questo non è l'addestramento corretto perché devono imparare a sedersi quando dici "seduto", non quando hai un premietto: questa è la vera sfida.

Fortunatamente, è relativamente facile addestrare un cucciolo di Chihuahua con il giusto trigger perché i Chihuahua possono essere sia intelligenti che desiderosi di compiacere. Anche se al tuo cucciolo può piacere il cibo, puoi mostrargli che il trigger è la parola, non il cibo. Potrebbe capirlo molto più velocemente di molte altre razze di cani.

Puoi anche usare giocattoli e attenzione come modo per far fare al tuo Chihuahua la cosa giusta. Se hai un programma regolare e sei disposto a cambiarlo un po' per dare al tuo cucciolo un po' più di attenzione per aver fatto qualcosa di giusto, questo sarà efficace quanto un premietto perché ama l'attenzione. Puoi portare il cucciolo a fare una passeggiata extra, trascorrere un po' più di tempo giocando con un giocattolo preferito o prenderti del tempo per coccolarlo più del solito.

A volte è necessaria anche la punizione, ma devi fare molta attenzione a come la applichi. Cercare di punire un Chihuahua può essere complicato, ma negargli attenzione può funzionare molto bene. Metti semplicemente il tuo cucciolo in un'area recintata dove può vederti, ma non può interagire con te: il piccolo guairà e piagnucolerà per farti sapere che vuole uscire. Non cedere, questa è la punizione. Ignora semplicemente il tuo cucciolo per insegnargli la lezione sul comportamento corretto.

Le punizioni devono avvenire subito dopo l'evento. Se il tuo Chihuahua mastica qualcosa e lo scopri solo dopo diverse ore, ormai è troppo tardi per punire il cucciolo. Lo stesso vale per le ricompense. Per rinforzare il comportamento, la ricompensa o la punizione devono essere date quasi immediatamente. Quando lodi o punisci il tuo cucciolo, assicurati di mantenere il contatto visivo. Puoi anche prendere il cucciolo per la collottola per assicurarti di mantenere il contatto visivo. Non avrai bisogno di farlo quando lodi il tuo amico a quattro zampe perché manterrà automaticamente il contatto visivo. I Chihuahua possono essere assolutamente motivati dal sentire le tue lodi.

Perché il cibo è uno strumento di rinforzo scadente

La piccola statura del Chihuahua significa che il cibo non è qualcosa che dovresti usare spesso come ricompensa. Man mano che il tuo Chihuahua invecchia, il suo metabolismo rallenterà e, poiché non potrà fare lunghe passeggiate, sarà difficile aiutarlo a smaltire le calorie extra. Non ci vuole molto perché un Chihuahua diventi sovrappeso; tieni presente che dovrebbe pesare solo circa 2,7 kg. Con l'affetto e l'attenzione che sono motivatori così efficaci, è meglio usarli il più possibile invece di abituare il tuo Chihuahua a ricevere premietti come ricompense. Usa i premietti con parsimonia.

Un altro motivo per usare i premietti con parsimonia è che non vuoi che il tuo cucciolo ti risponda principalmente quando hai del cibo. Se il tuo Chihuahua associasse l'addestramento esclusivamente ai premietti, potresti avere difficoltà ad addestrarlo ad ascoltarti senza di essi. Con-

Foto di
Barbara Pendergrass
Rafina Chihuahuas

siderando quanto può essere difficile insegnare a un Chihuahua a fare i bisogni nel posto giusto, non vuoi davvero che lo faccia solo quando hai dei premietti. Se il tuo cucciolo impara a fare ciò che dici, questi tipi di problemi si ridurranno.

I premietti possono essere usati nelle prime fasi, quando il metabolismo del tuo cucciolo è alto e non è stato condizionato a rispondere al rinforzo secondario. Questo ti darà qualcosa per aiutare il tuo cucciolo a imparare a concentrarsi mentre lo addestri a comprendere altri incentivi. Non dovrebbe volerci troppo tempo prima che tu possa iniziare a usare altri strumenti di rinforzo. I premietti sono anche il modo migliore per addestrare certi tipi di comportamento, come rotolare. Il tuo cucciolo seguirà automaticamente il premietto, rendendo facile capire cosa intendi.

I premietti sono l'ideale anche per insegnare i comandi iniziali (seduto, fermo e lascia). Il tuo cane non capisce ancora le parole e farà rapidamente la connessione tra ciò che stai dicendo e perché viene offerto il premietto. "Lascia" è molto difficile da insegnare senza premietti perché non c'è incentivo a lasciare qualcosa, se il tuo cucciolo vuole davvero l'oggetto che ha già in bocca. I premietti rappresentano un incentivo che farà lasciare al cucciolo qualunque cosa abbia in bocca mentre la sua attenzione e desiderio si concentrano sul cibo.

Piccoli passi verso il successo

Le prime settimane, o forse anche i primi due mesi, sono un periodo con una curva di apprendimento molto ripida. All'inizio il tuo cucciolo non capirà cosa stai facendo, mentre cerchi di convincerlo a fare i bisogni in una certa area. Il modo migliore per addestrare il tuo Chihuahua è renderti conto che devi iniziare lentamente, senza coltivare l'aspettativa che il tuo cucciolo imparerà a fare i bisogni nel posto giusto in una settimana, perché non succederà. Il tuo cucciolo deve imparare la routine quotidiana, che gli insegnerai contemporaneamente. Una volta che la routine e l'ambiente saranno meno eccitanti, il tuo Chihuahua avrà più facilità a concentrarsi durante le sessioni di addestramento.

L'addestramento dovrebbe iniziare dal primo giorno. Anche se il tuo cucciolo sta solo iniziando a conoscere l'ambiente, devi iniziare a stabilire alcune regole. Man mano che il tuo cucciolo prende confidenza con te e con l'ambiente, puoi insegnargli qual è la sua area e che il trasportino è per dormire. Imparare a entrare nel trasportino su comando ha alcuni ovvi vantaggi, soprattutto se esci di casa ogni giorno. È in questo momento che inizierai a usare i premietti per addestrare il cucciolo a entrare nel trasportino e a fare altre attività di base.

Iniziare dal primo giorno non significa cercare di fare tutto; ricorda che devi partire in piccolo. Dai al tuo cucciolo premietti per piccole cose come esplorare il trasportino: una volta che il tuo Chihuahua inizierà a capire il sistema di ricompensa, l'addestramento diventerà più facile.

Opzioni di addestramento

I Chihuahua possono essere molto difficili da addestrare perché sono carini e bravi a ottenere ciò che vogliono. Essere abbastanza forte da far rispettare le tue regole può essere ancora più difficile. Un addestratore professionista può supportare sia te che il tuo Chihuahua, facendoti capire dove stai sbagliando e aiutando il tuo cucciolo a imparare le basi.

Se hai un Chihuahua adulto, puoi considerare di rivolgerti a un addestratore per eventuali problemi attuali, in particolare l'aggressività e i problemi con i bisogni. Il tuo addestratore può aiutare a correggere questi problemi, mostrandoti come farlo senza sbagliare approccio. I Chihuahua sono una razza unica, per cui a meno che tu non abbia esperienza nell'addestramento dei cani, avere un addestratore a disposizione può essere incredibilmente vantaggioso.

CAPITOLO 13.
Comandi di base

Foto di
Shayla -Tiah Winch

Non tutti i Chihuahua sono bravi a imparare trucchi, ma se inizi quando il tuo Chihuahua è ancora un cucciolo, hai la garanzia che almeno le basi si radicheranno nella sua mente. Kathy Golden di *Kactus Kathy's Chihuahuas* consiglia di iniziare presto: «Non sono più difficili da addestrare rispetto ad altre razze. Inizia l'addestramento presto!» Se hai visto Chihuahua che si comportano male, è segno che i loro proprietari non si sono preoccupati di addestrarli, non che sono cani cattivi. Considerando quanto molti di loro siano intelligenti, dedicare tempo ad addestrarli può essere qualcosa che potete godervi insieme, comportandovi come un duo comico per anni a venire. Se non inizi presto, il tuo Chihuahua non ti prenderà sul serio perché non è abituato a seguire i comandi.

C'è anche un'ottima probabilità che il tuo Chihuahua possa diventare un piccolo intrattenitore. Molti di loro sono piuttosto intelligenti, quindi addestrarli a fare di più può aiutare a evitare che si annoino e aumenta significativamente le probabilità che il tuo Chihuahua sia in grado di imparare trucchi più avanzati in seguito. Stabilendo presto il rapporto di addestramento, il tuo Chihuahua imparerà ad ascoltare e capire cosa porterà a quelle deliziose ricompense.

Perché taglia, longevità e personalità li rendono compagni ideali

L'addestramento è un'attività molto divertente da intraprendere con un Chihuahua. Questi cani possono essere incredibilmente intelligenti e addestrarli rende ancora più piacevole trascorrere del tempo con loro. Quando sono ben addestrati, possono essere tra i migliori compagni perché possono viaggiare con te ovunque tu vada. Dato che possono vivere fino a 20 anni, un addestramento completo durerà per molto tempo, rendendo divertente sia rilassarsi insieme che mostrare agli altri quanto è intelligente il tuo piccolo amico. Se un Chihuahua è ben addestrato, le persone intorno a te si divertiranno a guardare il tuo compagno tascabile sfoggiare quella mente acuta. Poiché possono andare praticamente ovunque con te, l'addestramento darà rapidamente i suoi frutti mentre tu e il tuo migliore amico condividete alcune delle lezioni più memorabili. Se il tuo Chihuahua non è addestrato, sarà molto più difficile portarlo in giro perché sarà diffidente verso gli estranei e avrà molte più probabilità di essere aggressivo. Non è carino quando, da adulti, abbaiano alle persone mentre stai solo cercando di goderti un po' di tempo lontano da casa.

Scegliere la giusta ricompensa

Uno degli aspetti più interessanti dell'avere un Chihuahua è determinare la giusta ricompensa. Vuoi mantenere i premietti al minimo, ma questo non dovrebbe essere un problema con un Chihuahua, dato che ci sono così tante altre cose che possono motivarlo. I premietti possono essere un buon punto di partenza, ma dovrai passare rapidamente a qualcosa che sia un rinforzo secondario: lodi, tempo di gioco aggiuntivo e coccole extra sono tutte ricompense fantastiche per i Chihuahua, poiché tengono molto a come ti senti e alla tua reazione nei loro confronti. Sedersi a guardare un film e lasciare che il cucciolo si sieda con te sarà una grande ricompensa dopo un'intensa sessione di addestramento: non solo il tuo cucciolo ha imparato qualcosa, ma ora potete entrambi rilassarvi e godervi un momento di tranquillità insieme.

Se cominci a guadagnarti il rispetto del tuo Chihuahua, potrai usarlo per addestrare il tuo cane più agevolmente. Alla fine di ogni sessione, dai al tuo cucciolo attenzioni extra o fagli fare una bella passeggiata per dimostrare quanto sei soddisfatto dei progressi che ha fatto.

Addestramento di successo

L'addestramento riguarda l'apprendimento dei comandi. Se il tuo Chihuahua impara a rispondere solo alle ricompense (come il cane che si siede non appena hai un premietto in mano), vuol dire che l'addestramento non ha avuto successo.

Guadagnarsi il rispetto del tuo cane è generalmente la chiave per essere un addestratore di successo, ma con un Chihuahua significa anche mantenere viva l'attenzione del cucciolo durante una sessione di addestramento. Il tuo cane inizierà a rispettarti man mano che lavorate insieme, a patto che tu rimanga coerente e fermo. Non aspettarti rispetto nei primi giorni di addestramento: il tuo cucciolo non avrà ancora la comprensione o il rapporto necessario per capire. Fortunatamente, la sua intelligenza inizierà a manifestarsi presto, rendendo facile farti capire quando sta iniziando a rispondere a te invece che solo alla ricompensa. Questo è il momento in cui puoi iniziare a passare a ricompense che sono divertenti, invece di quelle che ruotano attorno a premietti e cibo.

Devi fare in modo che il contatto fisico e le carezze siano parte della ricompensa fin da subito. Sebbene il tuo cane non capisca questi gesti ancora completamente, inizierà a capire che premietti e carezze sono entrambi tipi di ricompense. Questo renderà più facile passare dai premietti a un sistema di ricompense più basato sull'attenzione. Associare il contatto fisico e le carezze a qualcosa di piacevole incoraggerà il tuo cucciolo anche a considerare il tempo di gioco come una grande ricompen-

sa. Non importa quanto amino mangiare, essere intrattenuto e giocare con te sarà una ricompensa gradita poiché significa che il cucciolo non è solo o annoiato.

Comandi di base

Ci sono cinque comandi di base che devi assolutamente insegnare al tuo Chihuahua e che probabilmente vorrai iniziare a insegnare al tuo cucciolo il prima possibile. Questi comandi costituiscono la base per una relazione felice e piacevole mentre il tuo Chihuahua impara come comportarsi. Nel momento in cui il tuo cucciolo impara i cinque comandi, lo scopo dell'addestramento sarà più chiaro per il tuo Chihuahua, rendendo molto più facile addestrarlo su concetti più complessi.

Dovresti addestrare il cucciolo nell'ordine della lista. "Seduto" è un comando base e qualcosa che tutti i cani, compreso il tuo Chihuahua, fanno già naturalmente. Insegnare "lascia" e come abbaiare meno sono entrambi difficili e vanno contro gli istinti e i desideri del tuo Chihuahua: ci vorrà più tempo per impararli rispetto agli altri comandi; quindi, vuoi avere già pronti gli strumenti necessari per aumentare le tue probabilità di successo.

Ecco alcune linee guida di base da seguire durante l'addestramento.

- Tutti in casa dovrebbero partecipare all'addestramento del Chihuahua perché il cane deve imparare ad ascoltare tutti in famiglia, non solo una o due persone.

- Per iniziare, scegli un'area dove tu e il tuo cucciolo non avete distrazioni, incluso il rumore. Lascia il telefono e altri dispositivi fuori portata in modo da mantenere l'attenzione sul cucciolo.

- Rimani felice ed entusiasta dell'addestramento. Il tuo cucciolo percepirà il tuo entusiasmo e si concentrerà meglio.

- Inizia a insegnare "seduto" quando il tuo cucciolo ha circa otto settimane.

- Sii coerente e fermo mentre insegni.

- Porta un premietto speciale alle prime sessioni di addestramento, come pollo o formaggio.

Una volta che sei preparato, puoi iniziare a lavorare e creare un legame con il tuo adorabile piccolo Chihuahua.

Seduto

Una volta che ti sei sistemato nella tua tranquilla postazione di addestramento con il premietto speciale, inizia l'addestramento al comando "seduto". È relativamente facile addestrare il tuo cane a obbedire a questo comando: aspetta finché il tuo cucciolo non inizia a sedersi e dì "seduto" mentre si siede. Se il tuo cucciolo finisce di sedersi, inizia a lodarlo. Naturalmente, questo renderà il tuo cucciolo incredibilmente eccitato e irrequieto, per cui potrebbe volerci un po' di tempo prima che voglia sedersi di nuovo. Quando arriva il momento e il cucciolo inizia a sedersi di nuovo, ripeti il processo.

Ci vorranno più di un paio di sessioni perché il cucciolo colleghi completamente le tue parole con le azioni. In effetti, potrebbe volerci poco più di una settimana perché il tuo cucciolo lo capisca. I Chihuahua sono intelligenti, ma a questa età c'è ancora così tanto da imparare che il cucciolo avrà difficoltà a concentrarsi. I comandi sono qualcosa di completamente nuovo per il tuo piccolo compagno; tuttavia, una volta che il tuo cucciolo comprenderà la tua intenzione e avrà padroneggiato "seduto", gli altri comandi saranno probabilmente un po' più facili da insegnare.

Una volta che il tuo cucciolo ha dimostrato di padroneggiare "seduto", è il momento di iniziare a insegnare "a terra".

A terra

Ripeti lo stesso processo per insegnare questo comando come hai fatto per "seduto". Aspetta finché il cucciolo non inizia a sdraiarsi, poi dì la parola. Se il Chihuahua completa l'azione, offri la ricompensa che hai scelto.

Probabilmente ci vorrà un po' meno tempo per insegnare questo comando, dopo che avrai iniziato ad addestrare il tuo Chihuahua.

Aspetta finché il tuo cucciolo non ha padroneggiato "a terra" prima di passare a "resta".

Resta

Questo comando sarà più difficile, poiché non è qualcosa che il tuo cucciolo fa naturalmente: aspettati che il comando "resta" richieda un po' più di tempo per essere appreso. È anche importante che il tuo cane abbia padroneggiato e risponda costantemente ai comandi "seduto" e "a terra", prima di iniziare a insegnare "resta".

Scegli quale di questi due comandi vuoi usare per iniziare, poi sii coerente. Una volta che il tuo cane capisce "resta" dopo il comando "seduto" o "a terra", puoi addestrarlo a obbedire a "resta" dopo il secondo comando. Assicurati solo che la prima posizione sia padroneggiata prima di provare la seconda.

Dì al tuo cucciolo di sedersi o di mettersi a terra. Mentre lo fai, metti la mano davanti al viso del cucciolo. Aspetta finché il cucciolo non smette di cercare di leccarti la mano prima di ricominciare.

Quando il cucciolo si calma, fai un passo lontano dal Chihuahua. Se il tuo cucciolo non si muove, dì "resta" e dai al cucciolo il premietto e qualche lode per essere rimasto fermo.

Dare la ricompensa al tuo cucciolo indica che il comando è finito, ma devi anche indicare che il comando è completo. Il cucciolo deve imparare a restare finché non dici che va bene lasciare il posto. Una volta che dai il via libera per muoversi, non dare premietti. "Vieni" non dovrebbe essere usato come parola di via libera, poiché è un comando usato per qualcos'altro.

Ripeti questi passaggi, allontanandoti di più dal cucciolo dopo un comando riuscito.

Una volta che il tuo cucciolo capisce "resta" quando ti allontani, inizia ad addestrarlo a restare anche se non ti stai muovendo. Estendi la durata del tempo richiesto al cucciolo per restare in un posto in modo che capisca che "resta" finisce con il comando di via libera.

Quando senti che il tuo cucciolo ha padroneggiato "resta", inizia ad addestrarlo a "vieni".

Vieni

Questo è l'ultimo della serie di comandi, poiché non puoi insegnare questo finché il cucciolo non ha imparato i comandi precedenti. I primi due comandi non richiedono che il cucciolo conosca altri comandi per iniziare (è solo più facile addestrare il cucciolo, se ha già una comprensione di cosa sono i comandi e come ci si aspetta che reagisca a essi).

Prima di iniziare, decidi se vuoi usare "vieni" o "vieni qui" per il comando. Dovrai essere coerente

Foto di
Cheryl Grange

nelle parole che usi, quindi assicurati di usare intenzionalmente il comando giusto ogni volta.

Metti il guinzaglio al cucciolo.

Dì al cucciolo di restare. Allontanati dal cucciolo.

Dì il comando che userai per "vieni" e dai un leggero strattone al guinzaglio verso di te. Se non hai usato lo stesso termine come via libera per indicare che il comando "resta" è finito, il tuo cucciolo inizierà a capire lo scopo del tuo nuovo comando. Se hai già usato il termine per indicare la

Foto di
Margaret Scott

fine di "resta", confonderai il tuo cucciolo perché il Chihuahua assocerà il comando con l'essere in grado di muoversi liberamente.

Ripeti questi passaggi, aumentando la distanza tra te e il cucciolo. Una volta che il cucciolo sembra capirlo, rimuovi il guinzaglio e inizia da una distanza ravvicinata. Se il tuo cucciolo non sembra capire il comando, dagli alcuni indizi visivi su ciò che vuoi. Ad esempio, puoi battere la mano sulla gamba o schioccare le dita. Non appena il tuo cucciolo viene correndo da te, offri una ricompensa.

Lascia

Questo sarà uno dei comandi più difficili che insegnerai al tuo cucciolo perché va sia contro i suoi istinti che i suoi interessi. Il tuo cucciolo vuole tenere qualunque cosa abbia, quindi dovrai offrire qualcosa di meglio. È essenziale insegnarlo presto, poiché il tuo Chihuahua sarà molto distruttivo nei primi giorni e vorrai mettere in atto il meccanismo per convincere il cucciolo a lasciare le cose il prima possibile.

Dal momento che ha un punto di partenza diverso, potresti dover iniziare a insegnare questo comando al di fuori dell'area di addestramento.

Inizia quando hai tempo da dedicare alla lezione. Devi aspettare finché il cucciolo non ha qualcosa in bocca da lasciare; i giocattoli sono di solito l'opzione migliore. Offri al cucciolo un premietto speciale. Mentre il Chihuahua lascia cadere il giocattolo, dì "lascia", e consegna il premietto.

Questo sarà uno di quei rari momenti in cui devi usare un premietto perché il tuo cucciolo ha bisogno di qualcosa di molto interessante per convincerlo a lasciare il giocattolo. Per ora il tuo cucciolo ha bisogno di un incentivo, qualcosa di più allettante di ciò che ha già, prima che possa imparare il comando.

Questo sarà uno dei due comandi che richiederanno più tempo per essere insegnati (l'altro è "silenzio"). Sii preparato a essere paziente con il tuo cucciolo. Una volta che il tuo cucciolo lo capisce, inizia a insegnare "lascia" con il cibo. Questo è incredibilmente importante da fare perché potrebbe salvare la vita al tuo amico a quattro zampe: è probabile che si avventi su cose che sembrano cibo quando siete fuori per una passeggiata e, ritrovandosi così vicino a terra, probabilmente vedrà molte cose simili al cibo molto prima di te. Questo comando li fa lasciare qualunque cosa stiano masticando prima di ingerirla.

Silenzio

All'inizio, puoi anche usare premietti con parsimonia per rinforzare "silenzio". Se il tuo cucciolo sta abbaiando senza motivo apparente, digli di fare silenzio e metti un premietto nelle vicinanze. È quasi garantito che il cane tacerà per annusare il premietto: in tal caso, dì "bravo" o "bravo, silenzio". Non ci vorrà molto tempo perché il tuo cucciolo capisca che silenzio significa non abbaiare. Tuttavia, potrebbe volerci un po' prima che il tuo cucciolo impari a combattere l'impulso di abbaiare. Sii paziente con il tuo cucciolo: ricorda che è difficile smettere di fare qualcosa che viene naturale. Quanto tempo ci hai messo tu a imparare ad alzarti presto la mattina o ad andare a letto a una certa ora? Per un Chihuahua, imparare a non abbaiare rappresenta un processo simile.

Dove andare da qui

Questi sono tutti i comandi di cui probabilmente avrai bisogno con il tuo Chihuahua; tuttavia, se vuoi che il tuo Chihuahua faccia trucchi, puoi praticamente andare ovunque da qui. Questi comandi sono la base dell'addestramento, ma un Chihuahua è capace di imparare molto di più. Assicurati solo che i trucchi che insegni al tuo Chihuahua non siano troppo stressanti per il tuo cucciolo. Man mano che il tuo cucciolo cresce, puoi iniziare a insegnare trucchi che evidenziano la sua agilità: il riporto e altri trucchi interattivi saranno ideali perché il tuo Chihuahua non vedrà l'ora di mostrarti di cosa è capace.

CAPITOLO 14.
Alimentazione

Con un peso ideale di circa 2,7 kg, sai bene che non puoi concedere al tuo Chihuahua troppo cibo extra. Non può andare a smaltirlo correndo in giardino come farebbe un cane più grande, e le sue zampette non lo porteranno a fare passeggiate di un'ora. Il fatto che sia facile soddisfare il suo fabbisogno quotidiano di esercizio è uno dei motivi per cui molte persone scelgono il Chihuahua come animale domestico. Il problema è che, con una taglia così piccola, basta davvero poco cibo in più per sovralimentare il tuo piccolo amico.

Le sue esigenze alimentari sono anche un po' diverse rispetto a quelle di molte altre razze. Secondo Linda Jangula di *Chihuahuas Wee Love*, «Il Chihuahua non ha bisogno di una dieta con un contenuto proteico alto come altre razze e, naturalmente, necessita di pochi grassi. Molti apprezzano uno spuntino con un pezzetto di mela fresca, una fettina di carota cruda o persino un boccone di cavolo riccio o gambo di cavolo da sgranocchiare».

Questi alimenti vengono suggeriti come premietti perché sono soluzioni a basso contenuto calorico per mantenere sano il tuo piccolo ami-

co. Quei piccoli spuntini e i Cheerios per l'addestramento possono aiutarti a mantenere il tuo Chihuahua in salute. Garantire al tuo Chihuahua il giusto equilibrio nutrizionale è fondamentale per una vita lunga e felice.

Perché una dieta sana è importante

I Chihuahua non sono cani particolarmente energici, il che significa che devi fare molta attenzione a bilanciare le abitudini alimentari del tuo amico a quattro zampe con i suoi livelli di attività fisica. Anche se gli serve molta più energia per percorrere la stessa distanza durante una passeggiata, non lo porterai fuori abbastanza spesso da fargli smaltire un'alimentazione eccessiva o troppe calorie. Sovralimentare il tuo Chihuahua è incredibilmente facile, dal momento che non ha bisogno di molto cibo prima di raggiungere il suo fabbisogno calorico giornaliero. Molti dei trucchi e delle attività che fa possono consumare una buona quantità di energia, ma ciò non significa che abbia bisogno di molto cibo. Se hai un programma molto intenso, nei momenti a casa il calo di attività sarà notevole; tuttavia, il tuo Chihuahua continuerà ad aspettarsi la stessa quantità di cibo, indipendentemente dal livello di attività. Questo significa che probabilmente inizierà ad aumentare di peso, il che sarà dannoso per la sua salute.

Devi fare attenzione non solo alla quantità di cibo che dai al tuo Chihuahua durante i pasti, ma anche a quanti premietti offri nel corso della giornata. Devi considerare ogni tipo di alimento, quando valuti sia l'apporto nutrizionale che quello calorico: visto il suo corpicino, devi essere consapevole di quante calorie il tuo cane consuma al giorno. Se noti che il tuo cane sta aumentando di peso, potrai regolare la quantità di cibo che mangia al giorno o sostituire la sua alimentazione con qualcosa di maggior valore nutrizionale.

Gli allevatori consigliano anche di evitare alimenti a base di cereali, i quali possono far ingrassare un cane più velocemente. Se hai tempo, è meglio preparare i pasti del tuo cane personalmente o almeno fornire cibo vero mescolato con le crocchette.

Oltre alla loro taglia, i Chihuahua tendono ad avere denti molto problematici. Come osserva Stephanie Lucas di *Lucas Chihuahuas*, «Dare crocchette di alta qualità e ossi con midollo fin da cuccioli aiuterà». Facendo attenzione alla sua dieta, puoi contribuire a ridurre i problemi dentali che il tuo Chihuahua avrà in futuro.

Cibo commerciale

Se fai parte della maggioranza dei proprietari di cuccioli, assicurati di acquistare il miglior cibo per cani che puoi trovare e permetterti. Prenditi il tempo per ricercare ciascuna delle tue opzioni, in particolare il valore nutrizionale del cibo. Tieni sempre conto della piccola statura del tuo cane, dei suoi livelli di energia e della sua età. Il tuo cucciolo potrebbe non aver bisogno di cibo per cuccioli tanto quanto altre razze (dato che non ha bisogno di tante calorie), e il cibo per cani anziani potrebbe non essere la scelta migliore per il tuo Chihuahua senior. Per fornire più nutrimento, puoi mescolare del cibo fresco alle crocchette: questo può aiutare a integrare eventuali nutrienti, oltre ad essere un'aggiunta salutare a un pasto altrimenti interamente industriale. L'aggiunta di un po' di cibo fatto in casa ad ogni pasto renderà il tuo Chihuahua entusiasta di mangiare.

Preparare il cibo a casa

Se vuoi fornire i pasti più sani possibili, pianifica di dedicare cinque-dieci minuti in più in cucina per ogni pasto che prepari per il tuo Chihuahua. Se cucini regolarmente i tuoi pasti (da zero, non con il microonde o pasti preconfezionati), non ci vuole molto più tempo per fornire un pasto altrettanto sano per il tuo piccolo compagno.

Tenendo a mente gli alimenti che il tuo Chihuahua assolutamente non deve mangiare, puoi mescolare parte del cibo che prepari per te nella ciotola del tuo Chihuahua; assicurati solo di aggiungere un po' più di ciò di cui il tuo Chihuahua ha bisogno. Anche se tu e il tuo Chihuahua avete esigenze alimentari nettamente diverse, puoi adattare i tuoi cibi per includere i nutrienti di cui il tuo cane ha bisogno. Non ci vorrà molto più tempo per preparare un pasto per te e una versione leggermente diversa per il tuo cane. Leggi il Capitolo 5 per assicurarti di non dare mai al tuo Chihuahua cibo che potrebbe essere dannoso o letale.

Non dare da mangiare al tuo Chihuahua dal tuo piatto. Dividi il cibo, mettendo il pasto del tuo cane in una ciotola in modo che capisca che il tuo cibo è solo per te. I migliori pasti fatti in casa dovrebbero essere pianificati in anticipo, in modo che il tuo Chihuahua riceva il giusto equilibrio nutrizionale.

In genere, il 50% del cibo del tuo cane dovrebbe essere proteine animali (pesce, pollame e frattaglie). Circa il 25% dovrebbe essere ricco di carboidrati complessi. Il restante 25% dovrebbe provenire da frutta e verdura, in particolare alimenti come zucca, mele, banane e fagiolini.

Questi forniscono sapori aggiuntivi che il tuo Chihuahua probabilmente adorerà, facendolo sentire sazio più velocemente in modo da ridurre l'eccesso di cibo.

Cibo per cuccioli vs. cibo per umani

È vero che un cucciolo ha bisogno di più calorie rispetto a un adulto e, con la sua piccola taglia, un cucciolo di Chihuahua non ha bisogno di quanto potresti pensare per soddisfare il fabbisogno calorico per i suoi livelli di energia. Se stai portando a casa un cucciolo di Chihuahua e sai che non avrai il tempo di cucinare, dovresti prendere cibo specifico per cuccioli; questo garantirà che il tuo cucciolo riceva le calorie necessarie per la crescita. Non dare al cucciolo cibo per umani pensando di poter passare alle crocchette in seguito, perché sarà praticamente impossibile farlo. Una volta che il tuo Chihuahua diventerà adulto, sarà quasi impossibile convincerlo che quei pellet poco appetitosi sono cibo, soprattutto quando il tuo cane sa che sapore ha il cibo nel tuo piatto. Non stabilire un precedente che creerà problemi significativi in futuro. Se dai al tuo Chihuahua cibo per cuccioli fatto in casa, dovrai continuare a preparare il cibo per il tuo cane anche quando la fase di cucciolo sarà solo un ricordo.

Foto di
Elisha Jade Swanson

Se ne hai la possibilità, preparare tu stesso il cibo del tuo cucciolo è l'opzione migliore. Non ci sarà molta differenza nella quantità di cibo tra la fase di cucciolo e quella adulta. I loro piccoli corpi hanno esigenze speciali e i primi mesi sono fondamentali. Se puoi preparare i pasti del tuo cucciolo (e sai di poter continuare a farlo quando il tuo Chihuahua sarà adulto), questo sarà molto più sano per il tuo cane.

Se scopri di dover iniziare a comprare cibo commerciale, dovrai iniziare a mescolarlo lentamente nel pasto del tuo cane adulto. Non sorprenderti se trovi crocchette non mangiate nella ciotola: sarà un processo difficile convincere il tuo cane che questo è cibo, ma se lo mescoli con altre cose (e sai che avrai sempre bisogno di mescolare almeno un po' di cibo vero con quello commerciale), il tuo cane sarà più propenso a iniziare a mangiarlo poiché avrà l'odore di cibo vero.

Dieta, esercizio fisico e obesità

Il tuo Chihuahua non seguirà una dieta come potresti scegliere di fare tu; questo significa che devi mantenere un programma regolare di alimentazione per il tuo cane. La sua giornata sarà basata in gran parte sui momenti dedicati al cibo. Se premietti e spuntini sono qualcosa che stabilisci come normale fin dall'inizio, il tuo cane crederà che siano anche parte della routine e se li aspetterà. Ovviamente, questa può essere un'abitudine terribile da stabilire con il tuo Chihuahua, specialmente se si tratta di cibo che condividi perché stai facendo uno spuntino e ti senti in colpa. Dovrai assicurarti di essere attivo dopo gli spuntini in modo che il tuo Chihuahua non assuma troppe calorie. Un giro extra di gioco o un'altra passeggiata possono fare molto per aiutare a mantenere il tuo Chihuahua a un peso sano.

Devi trovare un sano equilibrio tra dieta ed esercizio fisico per evitare che il tuo Chihuahua diventi sovrappeso, e certamente per evitare che diventi obeso. L'esercizio fisico è assolutamente necessario. Mentre aiuti il tuo Chihuahua a sviluppare abitudini alimentari e di esercizio sane, probabilmente stai aiutando anche te stesso: essere più consapevole della dieta e dei livelli di esercizio del tuo cane probabilmente ti renderà più consapevole dei tuoi. L'obesità è qualcosa che dovrai attivamente evitare con un cane piccolo. Abituati a usare l'esercizio fisico e il gioco come sistema di ricompensa.

Avvertenza sulla sovralimentazione e il giusto fabbisogno calorico

«Vai piano con i premietti o possono diventare facilmente obesi. Spuntini sani possono essere carote, banane, mele o premietti come stick da masticare, zampe di pollo o trachea».

Kathy Golden
Kactus Kathy's Chihuahuas

Dal momento che devi imparare a fare attenzione al peso del tuo Chihuahua, devi abituarti a monitorarlo, soprattutto quando il tuo cane è adulto. Gli spuntini che condividi con il tuo piccolo amico non sono sani e il tuo cane aumenterà di peso molto più velocemente di te, mangiando gli stessi cibi con meno esercizio. Questa non è davvero una ricompensa per il tuo Chihuahua, è un pericolo. Mantieni il tuo cane su una dieta sana, invece di viziare il piccolo: questo vi manterrà entrambi molto più felici a lungo termine.

Pesare il tuo Chihuahua sarà molto utile per assicurarti che rimanga a un peso sano. Poiché è davvero di taglia mini, puoi usare la tua bilancia per pesarlo. Prendi delicatamente il tuo cane e sali sulla bilancia. Sottrai il tuo peso dal totale; quello è quanto pesa il tuo Chihuahua. Sii onesto riguardo al tuo peso. Ciò significa pesarti appena prima di pesare il tuo Chihuahua ed essere preciso con il numero. Contare le calorie richiede

Esempio di obesità

tempo, ma dovresti anche sapere approssimativamente quante calorie il tuo Chihuahua mangia in un giorno perché non ci vuole molto per soddisfare le esigenze di un cane così piccolo.

CAPITOLO 15.
Toelettatura: un legame produttivo

IChihuahua sono cani incredibilmente sani, a patto che tu tenga a mente i loro limiti. Le dimensioni del tuo cucciolo rendono anche estremamente facile la sua toelettatura, sebbene ci siano alcune cose da tenere a mente mentre ti prendi cura dell'aspetto del tuo piccolo. Un'area in particolare richiederà attenzione regolare, ovvero i suoi denti: dovrai prenderti cura dei denti del tuo cucciolo ogni giorno. Rendilo parte della tua routine quotidiana di toelettatura e non dovrai preoccuparti troppo di peli in eccesso o alito cattivo.

I Chihuahua a pelo lungo sono meno soggetti a infezioni alle orecchie rispetto alla maggior parte degli altri cani di piccola taglia. Questa è sicuramente una piacevole sorpresa per molte persone. Finché prendi le precauzioni necessarie che prenderesti con qualsiasi altra razza

Foto di
Tasha Snitch

quando si tratta di acqua vicino alle loro orecchie, il tuo cucciolo dovrebbe stare bene.

Gestire il mantello del tuo Chihuahua

Spazzolare il pelo settimanalmente, o addirittura quotidianamente, è il modo perfetto per creare un legame con il tuo cucciolo e mantenerlo forte fino agli anni d'oro del tuo piccolo. L'attenzione regolare sarà qualcosa che il tuo cane attenderà con piacere come parte della sua routine. Sarà anche un bel modo per alleviare lo stress, poiché accarezzare un cane è un modo semplice per aiutarti a calmarti. Quel corpicino sarà incredibilmente facile da spazzolare ogni giorno; probabilmente non ti ci vorranno nemmeno 10 minuti. Questo lo rende un compito rapido e semplice che tutti possono apprezzare.

Cucciolo

Come puoi immaginare, spazzolare un cucciolo richiederà più tempo perché ci saranno molti movimenti e tentativi di gioco. Cercare di spiegare al tuo cucciolo che la spazzola non è un giocattolo chiaramente non funzionerà, quindi preparati a essere paziente durante ogni sessione di spazzolatura. D'altra parte, il tuo cucciolo è così adorabile che probabilmente non ti dispiacerà se ci vorrà un po' più di tempo.

Puoi pianificare di spazzolare il tuo cucciolo dopo un esercizio vigoroso, così che il tuo Chihuahua abbia molta meno energia per combattere o giocare. Fai attenzione a non incoraggiare comportamenti troppo vivaci durante la spazzolatura, perché questo diventerà parte della routine e il tuo Chihuahua penserà che la spazzola sia destinata al momento di gioco, rendendo difficile convincerlo del contrario nel lungo termine. Forse all'inizio non ti dispiacerà, ma ci saranno momenti in cui vorrai semplicemente finire di spazzolare il tuo cane velocemente; è per questo che devi assicurarti che il tuo cucciolo non pensi che sia il momento di giocare.

Mentre prendi confidenza con la spazzolatura del tuo cucciolo, abituati a controllare la sua pelle. Cerca eruzioni cutanee, piaghe o infezioni. Dovresti anche controllare le sue orecchie, gli occhi e la bocca mentre lo stai toelettando. Continua a fare questi controlli anche quando il tuo Chihuahua sarà adulto. Dato che i Chihuahua hanno corpi così piccoli, non richiederà molto tempo e ti aiuterà a individuare potenziali problemi il prima possibile.

Età adulta

I nodi non sono qualcosa di cui devi preoccuparti con i Chihuahua, ma devi fare attenzione alla loro pelle. La spazzolatura probabilmente non richiederà troppo tempo e non ti dispiacerà renderla un'attività quasi quotidiana.

Anche i bagni dovrebbero essere una parte regolare del programma, anche se la frequenza varierà in base al periodo dell'anno. Un'altra cosa che devi pulire regolarmente sono le pieghe sul viso: queste possono intrappolare lo sporco, rendendole potenzialmente pericolose piccole aree che possono infettarsi. Questa è un'attività davvero rapida, ma devi fare attenzione. Usa un panno leggermente umido in modo da non bagnare l'interno delle pieghe. Naturalmente, potresti non pensare che il tuo Chihuahua abbia il viso sporco, ma è importante mantenere pulite le pieghe.

Tagliare le unghie

Poiché i Chihuahua hanno zampe così piccole, devi fare molta attenzione quando tagli le unghie. Se ti senti a disagio, puoi far tagliare le unghie del tuo Chihuahua da un professionista, osservare cosa fa e imparare a farlo da solo col tempo. Mentre è ancora un cucciolo, però, il tuo Chihuahua potrebbe essere un po' troppo entusiasta perché tu possa occuparti del taglio.

Le unghie del cucciolo dovrebbero essere tagliate circa una volta alla settimana, poiché il tuo Chihuahua probabilmente camminerà su cemento e asfalto meno spesso rispetto a un cane più grande. Senza queste superfici dure che aiutano a tenere le unghie limate, sarà necessaria una toelettatura regolare per evitare che diventino troppo lunghe.

Una volta che il tuo cane è adulto, controlla le unghie mensilmente. Poiché lo porterai a passeggio più spesso su marciapiedi o altri tipi di superfici che lo aiuteranno a mantenere le unghie più corte, la toelettatura può essere fatta meno frequentemente. È possibile che non avrai bisogno di tagliarle per mesi, se il tuo Chihuahua cammina abbastanza su cemento o asfalto da mantenere le unghie corte. Tuttavia, se in inverno non cammini molto su queste superfici, dovrai aumentare la frequenza con cui tagli le unghie al tuo amico a quattro zampe.

Spazzolare i denti

«I Chihuahua sono notoriamente soggetti a problemi dentali, accumulo di tartaro, recessione gengivale e denti mancanti con infezioni del cavo orale. È di vitale importanza che i denti vengano spazzolati regolarmente, iniziando non appena porti a casa il tuo cucciolo.»

Barbara Pendergrass
Rafina Chihuahuas

I Chihuahua hanno denti e gengive notoriamente problematici. Dovrai pianificare di prenderti cura della bocca del tuo Chihuahua fin dal primo giorno, anche se significa avvicinare le mani a quei piccoli aghi affilati.

La spazzolatura quotidiana dei denti può essere fatta prima o dopo aver spazzolato il pelo del tuo cucciolo. È il modo perfetto per creare un legame con il tuo cucciolo e mantenerlo forte fino agli anni d'oro del tuo Chihuahua. L'attenzione regolare sarà qualcosa che il tuo cane attenderà con piacere come parte della routine.

Se pensi che non curarti troppo dell'igiene orale del tuo cane sia accettabile, ecco un paio di avvertimenti da allevatori esperti.

«Tendono a perdere i denti... prevedi di far eseguire cure dentali dal veterinario ogni 3 o 4 anni.» - Stephanie Lucas di *Lucas Chihuahuas*

«I Chihuahua sono notoriamente soggetti a problemi dentali, accumulo di tartaro, recessione gengivale e denti mancanti con infezioni del cavo orale. È di vitale importanza che i denti vengano spazzolati regolarmente, iniziando non appena porti a casa il tuo cucciolo. Raccomando di spazzolare un minimo di 3 volte a settimana... la spazzolatura viene fatta per abituarlo al processo, piuttosto che con l'obiettivo di pulire.» - Barbara Pendergrass di *Rafina Chihuahuas*

Foto di Crystal Jay Herrald-Campbell

Dato che i Chihuahua possono vivere fino a due decenni, vorrai mantenere i loro denti il più puliti possibile. Se non vuoi spazzolare regolarmente i suoi denti, puoi far pulire i denti del tuo Chihuahua una volta all'anno per diverse centinaia di euro.

Considerato che il tuo Chihuahua ti starà comunque addosso la maggior parte del tempo, se scegli di spazzolare i denti del tuo cucciolo questo costante contatto ravvicinato ti darà un'idea abbastanza chiara di quando spazzolare i suoi denti. Se non riesci a sopportare l'odore che emana dalla bocca del tuo cane, interrompi quello che stai facendo e spazzola quei denti. La spazzolatura regolare mantiene i denti del cane puliti e sani. Se noti che placca e tartaro si accumulano rapidamente o che l'alito del tuo cane puzza più velocemente, puoi aumentare la frequenza con cui conduci il rituale della spazzolatura.

Pulizia di orecchie e occhi

Controlla le orecchie del tuo cane per accumulo di cerume, infezioni o altri potenziali problemi. Questa è un'attenzione che vale per la maggior parte delle razze, a seconda di quanto spesso entrano a contatto con l'acqua. Se l'acqua entra nelle orecchie del tuo Chihuahua può causare un'infezione, quindi è importante monitorare questo aspetto.

I Chihuahua non tendono ad avere molti problemi con gli occhi, nonostante il fatto che occupino una grande percentuale del loro viso. Dovresti comunque controllare per assicurarti che il tuo Chihuahua non abbia dello sporco negli occhi dopo un'avventura all'aperto. Se sembra che dello sporco sia entrato nell'occhio o negli occhi del tuo cane, puoi usare un collirio approvato dal tuo veterinario. Di solito, se il pelo del tuo cane è coperto di sporco, dovresti assicurarti che lo sporco e il fango non siano entrati negli occhi del tuo cucciolo.

CAPITOLO 16.
Cure sanitarie di base

Con la giusta socializzazione, i Chihuahua possono essere ottimi piccoli compagni. Questo sarà il tuo obiettivo principale perché si tratta di una razza piuttosto sana, ma ricorda, questo non significa che siano robusti. Finché sarai attento e ti prenderai cura del tuo piccolo amico, avrai dai 15 ai 20 anni per goderti il tuo esuberante compagno.

Ci sono alcune misure preventive di base che dovresti adottare per assicurarti che il tuo cucciolo rimanga in salute. Molti trattamenti e preoccupazioni sono universali in tutto il mondo canino, il che significa che c'è una buona probabilità che tu sappia già di cosa devi prenderti cura nei riguardi del tuo piccolo cane. Puoi considerare questo capitolo più come un promemoria o una lista di controllo di cose che probabilmente sai già di dover tenere in considerazione. Includi le spese per i trattamenti antiparassitari del cucciolo nel tuo budget non appena sarà abbastanza grande.

Pulci e zecche

Poiché i Chihuahua non richiedono molto tempo all'aperto, sono a minor rischio di contrarre zecche, mentre le pulci sono qualcosa a cui dovrai fare attenzione poiché vivono anche nei giardini. Il tuo piccolo Chihuahua starà all'aperto per un po' di tempo, il che significa che dovrai comunque monitorarlo. Se il tuo Chihuahua ama vagare nell'erba alta, non puoi permetterti alcuna interruzione nel trattamento, nemmeno in inverno.

Ogni volta che fai il bagno al tuo Chihuahua, prenditi il tempo per controllare la presenza di zecche e pulci come parte del processo di pulizia. Passa il pettine attraverso il pelo e controlla la pelle per irritazioni e parassiti. Questo aiuterà a mantenere il tuo cucciolo più sano e a farlo sentire molto meglio. Poiché lo farai spesso, dovresti essere in grado di riconoscere quando un rigonfiamento è un problema. Dal momento che il tuo cane sarà molto felice di trascorrere del tempo con te, un controllo delle zecche non dovrebbe richiedere tanto tempo quanto pensi, né troppe lotte per far stare fermo il tuo Chihuahua.

Le pulci saranno più problematiche perché sono molto più mobili. Il modo migliore per cercare le pulci è renderlo una parte regolare del-

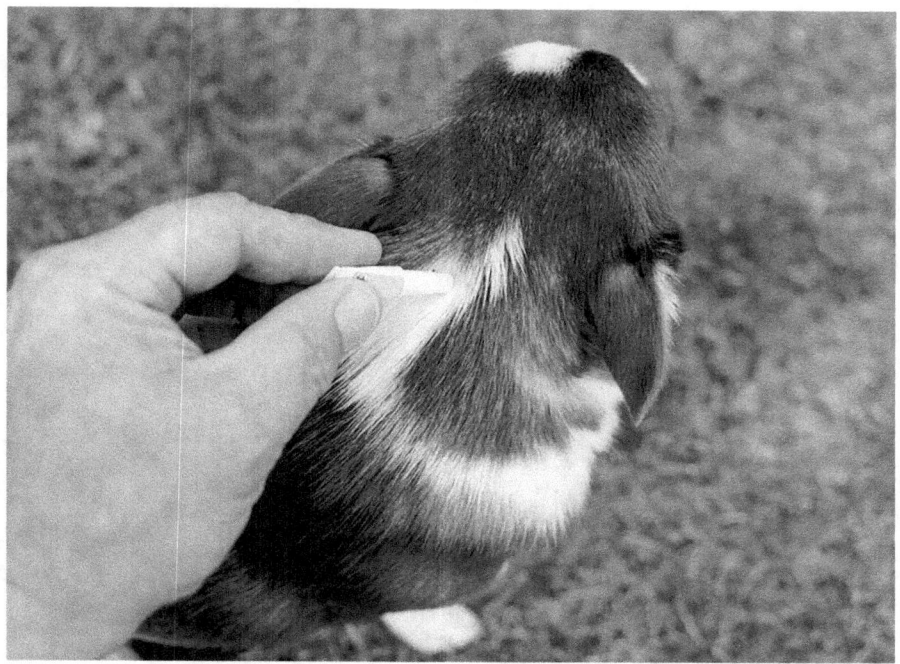

le tue sessioni di spazzolatura. Puoi anche cercare indicatori comporta-mentali, come grattarsi e leccarsi incessantemente. Con controlli regolari sulla pelle del tuo cucciolo quando spazzoli il suo pelo, sarai in grado di osservare i punti in cui il tuo cane si gratta per vedere se la pelle è irrita-ta o se è opera di una pulce. Data la piccola statura del tuo compagno, le pulci non avranno problemi a saltare sul tuo Chihuahua dall'erba o da altra vegetazione; questo significa che dovrai usare prodotti preventivi contro le pulci regolarmente. Non potrai farlo con cuccioli al di sotto di una certa età, ma una volta che maturano, potrai iniziare ad aggiungere il costo dei trattamenti al tuo budget e al tuo programma.

Se vuoi utilizzare prodotti naturali invece di quelli pieni di sostanze chimiche, dedica qualche ora a ricercare le alternative e scoprire cosa funziona meglio per il tuo Chihuahua. Non aumentare il numero di ba-gni: la loro pelle è sensibile e non dovrebbe essere lavata troppo spesso, per cui questo non dovrebbe far parte della soluzione. Verifica che qual-siasi prodotto naturale che acquisti funzioni prima di comprarlo.

I rimedi per i parassiti dovrebbero essere applicati mensilmente. Sta-bilire un programma regolare e aggiungerlo al tuo calendario ti aiuterà a ricordare di trattare il tuo cane secondo il programma.

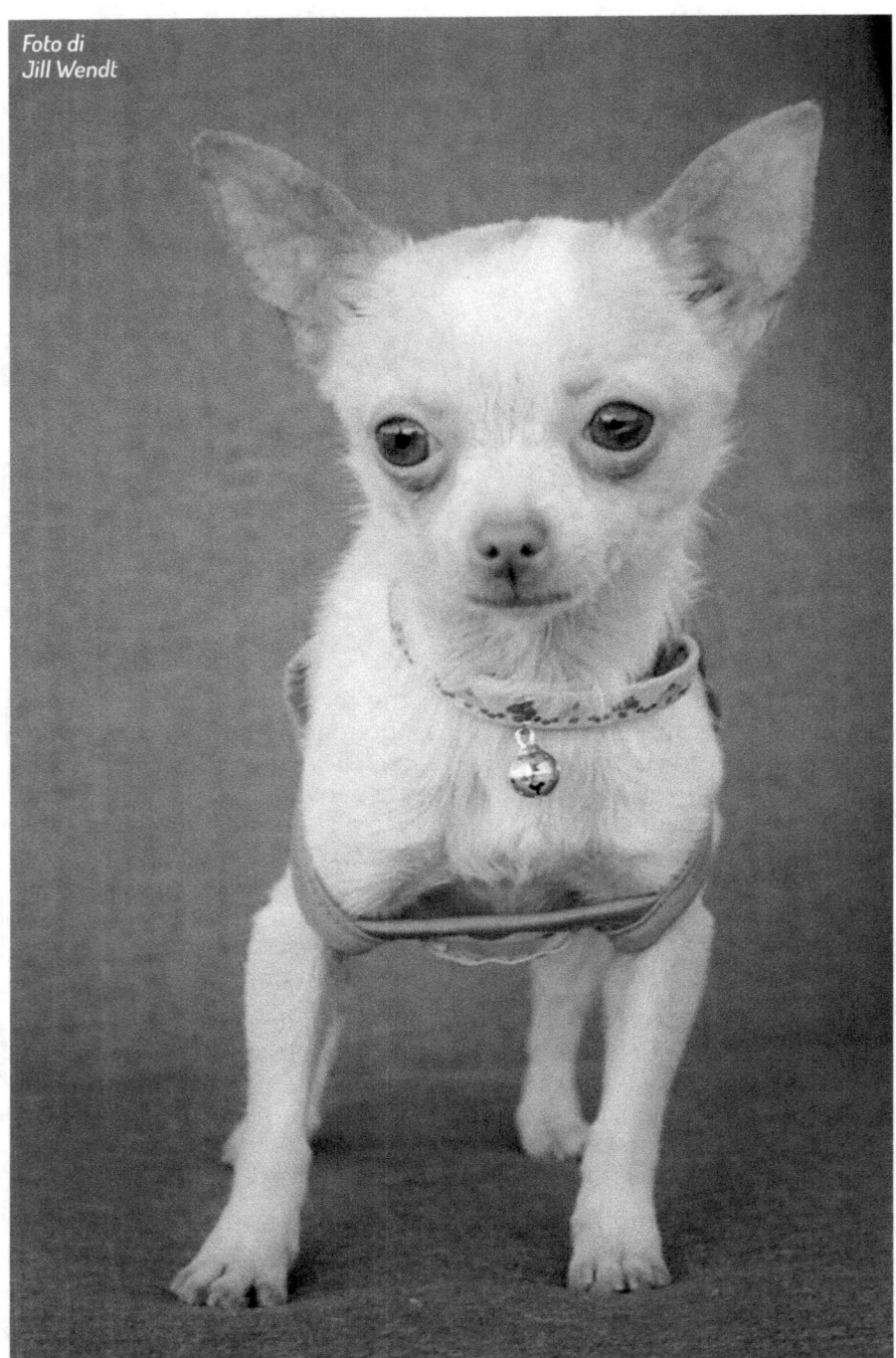

Foto di
Jill Wendt

Vermi e parassiti

Sebbene i vermi e altri tipi di parassiti siano un problema meno comune rispetto a pulci e zecche, possono essere molto più pericolosi. Ci sono diversi tipi di vermi di cui dovresti essere consapevole:

- Filariosi cardiaca

- Anchilostomi

- Ascaridi

- Tenie

- Tricocefali

Uno dei problemi principali è che non esiste un insieme di sintomi facilmente riconoscibili per aiutare a identificare quando il tuo cane ha un problema con i vermi. Tuttavia, puoi tenere d'occhio questi sintomi e, se il tuo cane li mostra, programmare una visita dal veterinario.

- Il tuo Chihuahua è inaspettatamente letargico per almeno qualche giorno.

- Chiazze di pelo iniziano a cadere (questo sarà evidente se spazzoli regolarmente il tuo Chihuahua) o noti spazi irregolari nel mantello del tuo cane.

- Se lo stomaco del tuo cane diventa disteso (si espande), assumendo un aspetto di "pancia gonfia", fissa immediatamente un appuntamento per farlo controllare.

- Il tuo Chihuahua inizia a tossire, vomitare, ha diarrea o ha una perdita di appetito.

Questi sintomi dovrebbero essere più evidenti nei Chihuahua perché tendono a essere attivi o starti attaccati tutto il tempo. Se non sei sicuro, è meglio andare dal veterinario il prima possibile per verificare la presenza di eventuali problemi.

Se il tuo cane ha anchilostomi o ascaridi, anche tu dovrai visitare un medico per farti controllare perché questi vermi possono essere trasmessi dal tuo cane attraverso il contatto con la pelle. Se il tuo cane li ha, sei a rischio di contrarli. Essere trattati contemporaneamente può aiutare a fermare il ciclo vizioso di scambio continuo tra voi.

La filariosi cardiaca rappresenta una minaccia significativa per la salute del tuo cane poiché può essere mortale. Dovresti trattare attivamente il tuo cane per assicurarti che questo parassita non trovi casa nel suo organismo. Ci sono farmaci che possono garantire che il tuo Chihuahua non contragga o sviluppi la filariosi cardiaca.

Vantaggi dei veterinari

Il tuo cane dovrebbe visitare regolarmente il veterinario proprio come tu ti sottoponi a controlli regolari per la tua salute. Dalle vaccinazioni di routine ai controlli periodici, i veterinari si assicureranno che il tuo Chihuahua rimanga in salute per tutta la sua vita. Poiché esistono diversi possibili problemi di salute, è importante che verifichi che il tuo Chihuahua non presenti nessuna delle varie condizioni note.

Foto di
Teresa Forbes

Poiché i Chihuahua sono compagni così entusiasti, sarà ovvio quando non si comportano normalmente. Le visite annuali dal veterinario garantiranno che non ci sia un problema che sta lentamente prosciugando l'energia o la salute del tuo cane.

I controlli sanitari assicurano anche che il tuo Chihuahua stia invecchiando bene. Se nel corso degli anni si presentano sintomi precoci di qualcosa di potenzialmente sbagliato nel tuo cane (come l'artrite), sarai in grado di iniziare a fare i relativi aggiustamenti. Il veterinario può aiutarti a trovare modi per gestire il dolore e i problemi che derivano dal processo di invecchiamento e sarà in grado di raccomandare modifiche per adattare il tuo programma al corpo che invecchia e alle capacità in diminuzione del tuo cane. Questo garantirà che possiate continuare a divertirvi insieme senza che il tuo amico a quattro zampe si faccia male. Questi cambiamenti saranno molto importanti, perché in tal modo il tuo cane potrà continuare a godersi il tempo con te senza soffrire di dolore aggiuntivo.

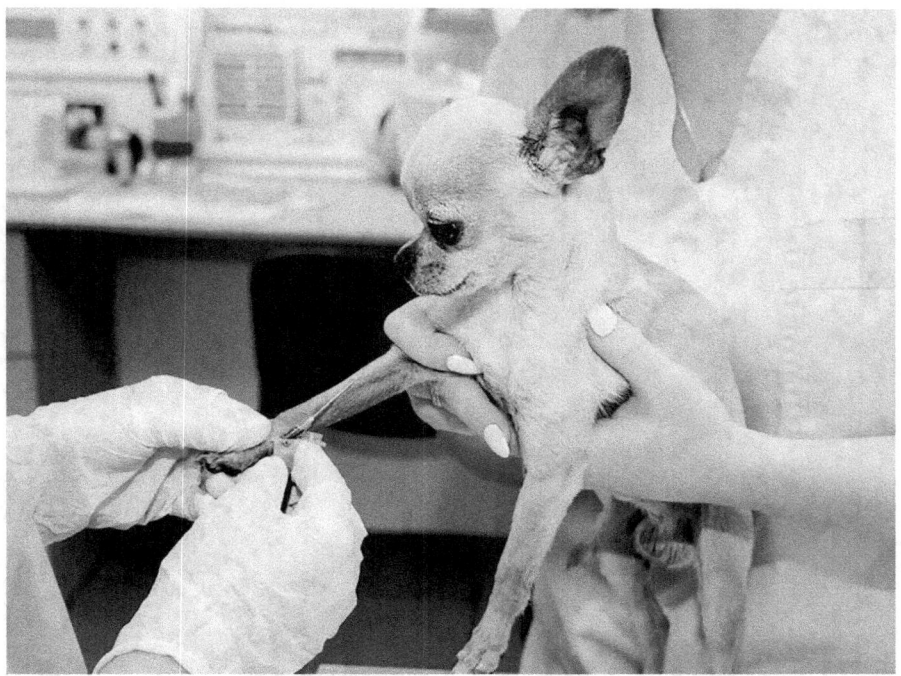

Alternative olistiche

Voler tenere un cane lontano da un'eccessiva esposizione a tratta-menti chimici ha senso, e ci sono molte buone ragioni per cui le persone si stanno spostando verso metodi più olistici. Tuttavia, adottare un approccio olistico richiede molta più ricerca e monitoraggio per garantire che i metodi proposti funzionino e, cosa più importante, che non danneggino il tuo cane. Le medicine olistiche non verificate possono essere uno spreco di denaro o, peggio ancora, possono persino essere dannose per il tuo animale domestico. Altri metodi sono stati spesso utilizzati per molto più tempo, per cui sono disponibili più dati per garantire che non facciano più male che bene. In ogni caso, i metodi naturali che funziona-no sono sempre preferibili a qualsiasi soluzione chimica.

Se decidi di optare per la medicina olistica, parla con il tuo veterina-rio delle tue opzioni. Puoi anche cercare esperti di Chihuahua per vedere cosa consigliano prima di iniziare a utilizzare qualsiasi metodo che ti interessa provare. Leggi ciò che gli scienziati hanno detto sulla medicina o sul trattamento. C'è la possibilità che i prodotti disponibili in un negozio specializzato siano effettivamente migliori di alcune medicine olistiche.

Foto di
Carrie-Anne Selwyn

Assicurati di essere accurato nella tua ricerca e di non correre rischi inutili con la salute del tuo Chihuahua.

Vaccinare il tuo Chihuahua

I programmi di vaccinazione sono quasi universali per tutte le razze di cani, compresi i Chihuahua. Riferisciti a quanto segue per assicurarti che il tuo Chihuahua riceva le vaccinazioni necessarie in tempo.

- Le prime vaccinazioni sono richieste tra le 6 e le 8 settimane dopo la nascita del tuo Chihuahua. Dovresti informarti dall'allevatore se queste vaccinazioni sono state effettuate e ottenere i relativi registri:
  - Coronavirus
  - Cimurro
  - Epatite
  - Leptospirosi
  - Parainfluenza
  - Parvovirosi

- Queste stesse vaccinazioni sono richieste nuovamente tra le 10 e le 12 settimane di età e ancora una volta tra le 14 e le 15 settimane di età, insieme alla prima vaccinazione antirabbica.

- Dopo il completamento del ciclo iniziale, il tuo cane avrà bisogno di ricevere queste vaccinazioni annualmente. Il tuo Chihuahua dovrà anche rinnovare ogni anno la copertura del vaccino antirabbico.

Una volta iniziate le vaccinazioni, devi portarle a termine. Assicurati di ottenere il programma per la manutenzione di queste vaccinazioni, poiché dovrai sottoporre il tuo cane ai relativi richiami nel corso degli anni, in particolare per vaccini come quello antirabbico.

CAPITOLO 17.
Problemi di salute

Foto di Emma Robertson

In generale, i Chihuahua sono cani incredibilmente sani, soprattutto considerando la loro taglia. Tuttavia, proprio questa taglia li rende molto più facili da ferire accidentalmente. Inoltre, i cuccioli provenienti da allevamenti intensivi o da allevatori poco seri hanno molte più probabilità di sviluppare gravi problemi di salute. Questa è una ragione fondamentale per fare ricerche approfondite sugli allevatori prima di acquistare un cucciolo.

Tutti i cani di razza pura hanno problematiche note, e i cani in generale presentano alcuni disturbi abbastanza prevedibili in tutte le razze. Patologie come la displasia dell'anca sono comuni nella maggior parte delle razze, per cui dovrai prestare attenzione non solo ai problemi tipici dei Chihuahua, ma anche a quelli che potrebbero svilupparsi nel tempo.

Un cane con alcune problematiche di salute serie

La maggior parte dei Chihuahua è incredibilmente sana e può vivere dai 15 ai 20 anni, ma questo non significa che un cane di questa razza non possa sviluppare malattie molto serie. Dovrai tenere d'occhio il tuo Chihuahua ed essere molto più diligente nel garantirgli la dieta corretta rispetto ad altre razze. Sovralimentarlo, viziarlo eccessivamente o essere troppo bruschi sono tutte cose molto facili da fare con un Chihuahua. Il motivo per cui tu e la tua famiglia dovete fare molta attenzione è che bastano poche ripetizioni per creare un'abitudine, e le cattive abitudini con il tuo Chihuahua potrebbero rivelarsi molto dannose per la sua salute.

Problemi di salute tipici dei cani di razza pura

I Chihuahua sono piuttosto imprevedibili quando si tratta di problemi di salute. Esiste un elenco piuttosto lungo di potenziali problemi, ma la maggior parte dei Chihuahua tende a essere sana. Questo significa che il rischio è basso, ma non assente. Tieni sotto attenta osservazione il tuo Chihuahua nel corso degli anni in modo da notare più facilmente eventuali problemi. I seguenti sono i problemi di maggiore preoccupazione:

- *Problemi cardiaci* – il modo migliore per proteggere il tuo Chihuahua dai problemi cardiaci è assicurarti che non diventi obeso. Il piccolo corpo del tuo cane non può sopportare molto peso, e lo sforzo che questo esercita è molto più di quanto il suo piccolo cuore possa gestire per lunghi periodi.

- *Cataratta* – con l'invecchiamento, può formarsi una pellicola trasparente sul cristallino. Alcuni cani non la notano, mentre altri possono essere gravemente compromessi da questa pellicola. È un problema per il quale dovrai consultare il tuo veterinario per trovare la soluzione migliore.

- *Idrocefalo* – si tratta di un problema in cui si accumula liquido intorno al cervello. Osserva se il tuo cane appare letargico e scoordinato per individuare i primi sintomi. Le convulsioni possono essere un sintomo più grave; in tal caso il tuo Chihuahua dovrebbe essere portato immediatamente dal veterinario. Presta particolare attenzione a questo problema se il tuo Chihuahua ha una testa particolarmente

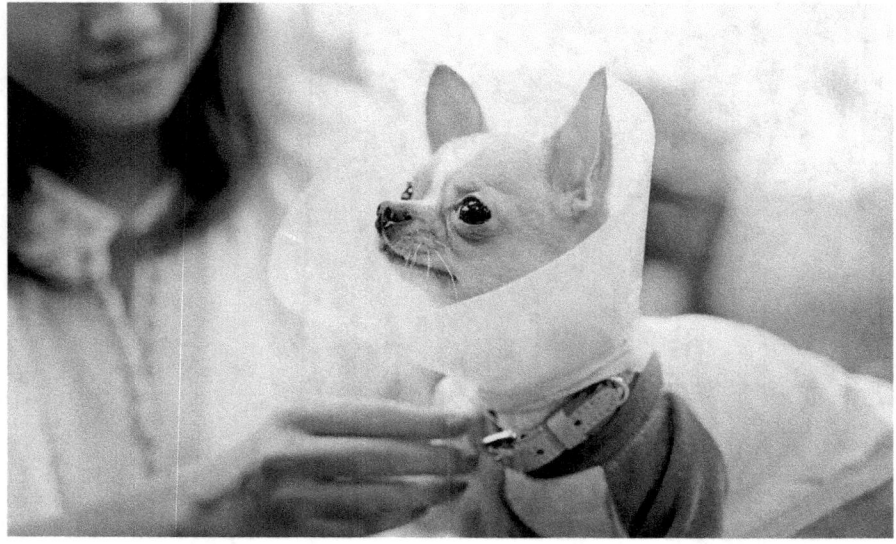

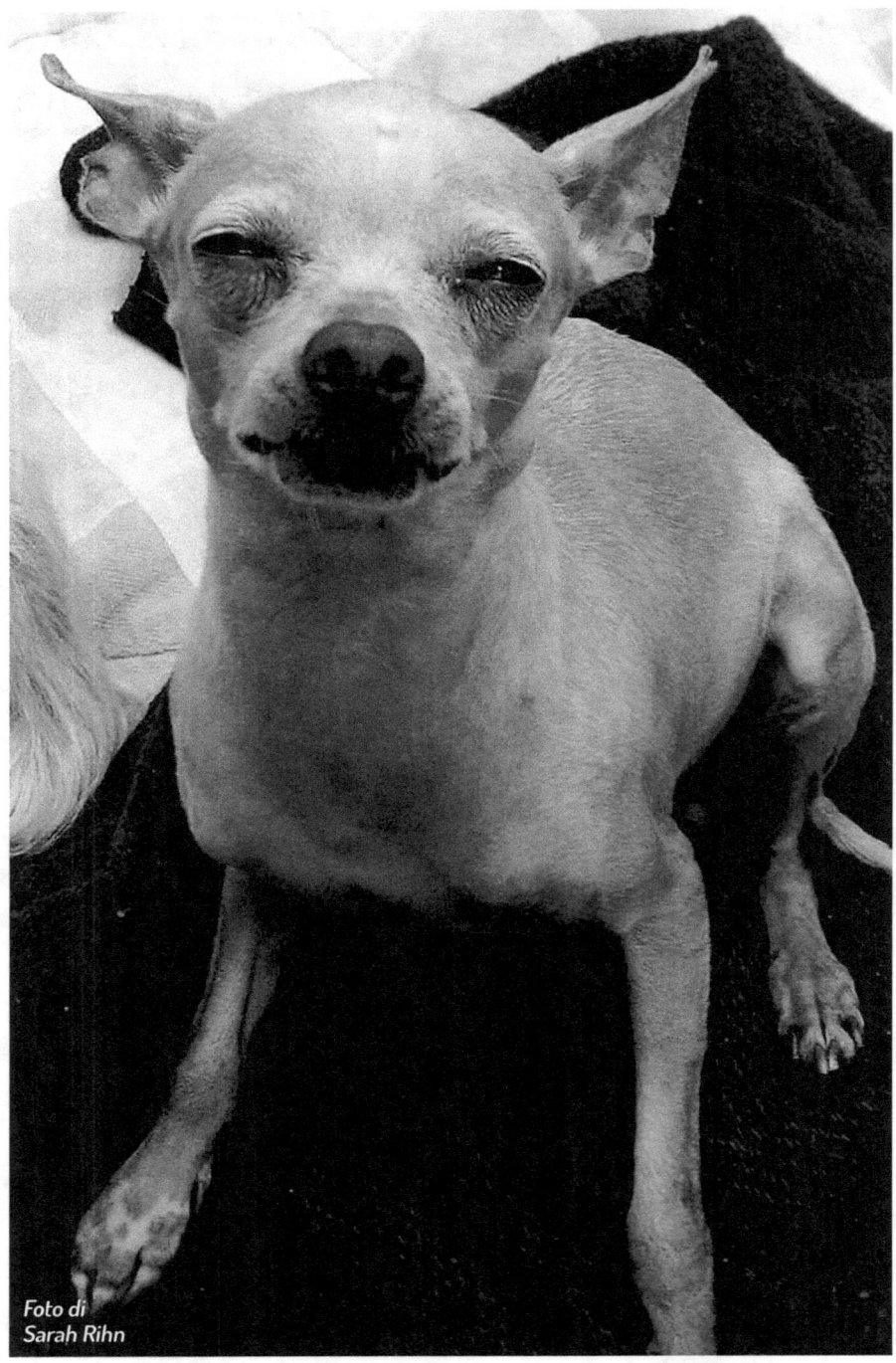

Foto di
Sarah Rihn

piccola. È possibile che il tuo Chihuahua abbia questa condizione con un impatto minimo sulla sua vita, ma può anche essere fatale, quindi dovresti sempre monitorarla.

- *Collasso tracheale* – i Chihuahua sono inclini a questo problema a causa della debolezza del loro collo. Se tu e la tua famiglia siete sempre gentili e attenti quando mettete il guinzaglio al vostro Chihuahua, è improbabile che diventi mai un problema. Questa è una delle ragioni più importanti per cui non puoi essere brusco con il tuo Chihuahua. La pressione extra causata dal tirarlo può provocare danni a lungo termine. Assicurati anche che il collare non sia troppo stretto. Chiedi al tuo veterinario informazioni su possibili integratori per rafforzare il collo. Se noti che il tuo Chihuahua ha difficoltà a respirare, soprattutto dopo essere stato molto attivo, porta il tuo cucciolo dal veterinario per controllare questo problema.

Dove puoi sbagliare

Oltre ai problemi genetici, anche alcune tue azioni e comportamenti potrebbero danneggiare la salute del tuo cane, soprattutto per quanto riguarda la dieta e i livelli di attività fisica del cane. Se segui le raccomandazioni del Capitolo 16, il tuo cane rimarrà in salute più a lungo.

Importanza dell'allevatore per garantire la salute del tuo Chihuahua

Essere consapevole della salute dei genitori del tuo Chihuahua e delle malattie che sono state un problema per lui o per i suoi genitori ti aiuterà a sapere cosa monitorare nel tuo amico a quattro zampe.

Qualsiasi allevatore che non fornisce una garanzia di salute per una razza consolidata come il Chihuahua non è un allevatore da prendere in considerazione. Evita questi allevatori: sono interessati solo ai soldi e la salute del cane per loro è di poco o nessun interesse. Se un allevatore dice che un cucciolo o una cucciolata deve essere tenuta in un luogo isolato per motivi di salute, non acquistare da quell'allevatore.

Chiedi all'allevatore di parlare della storia dei genitori, dei tipi di problemi di salute che ci sono stati nella famiglia del cane e se ha avuto problemi con qualche particolare malattia in passato. Se l'allevatore ti dà solo risposte brevi o vaghe, questo è un segnale che l'allevatore ha cani che hanno più probabilità di presentare problemi in futuro.

Foto di
Carrie-Anne Selwyn

Malattie e condizioni comuni

I Chihuahua sono suscettibili di problemi relativi a parti specifiche del loro corpo. Questi non sono i principali problemi di salute trattati sopra, ma non monitorarli può portare a gravi problemi in seguito, oltre a degradare la qualità di vita del tuo Chihuahua. Le seguenti sono le aree in cui devi monitorare il tuo Chihuahua:

- Igiene dentale
- Displasia dell'anca, della spalla e del ginocchio
- Infezioni del tratto urinario

Prevenzione e monitoraggio

Oltre ai problemi genetici (qualcosa di cui dovresti informarti sui genitori prima di prendere il tuo cucciolo), il problema di cui devi preoccuparti è il peso. I capitoli precedenti forniscono informazioni sulla dieta e l'esercizio fisico corretti per il tuo Chihuahua. Evitare di dare al tuo Chihuahua alimenti a base di cereali e mantenere l'apporto calorico giornaliero entro un intervallo sano è essenziale, data la taglia del cane. Considerando il fatto che mangerà qualsiasi cosa tu gli dia, il peso del tuo cane sarà sempre motivo di preoccupazione se non fai attenzione. Il tuo veterinario probabilmente ti parlerà se il tuo cane ha troppo peso sul corpo, perché questo non solo mette a dura prova le zampe, le articolazioni e i muscoli del cane, ma può avere effetti negativi sul cuore, sul flusso sanguigno e sul sistema respiratorio.

CAPITOLO 18.
Il tuo Chihuahua che invecchia

I Chihuahua hanno un'aspettativa di vita tra i 15 e i 20 anni. Sono predisposti ad alcuni problemi tipici dell'età avanzata, come vari tipi di displasia, che comporteranno dei cambiamenti concreti nella tua vita quando il tuo cane raggiungerà l'età d'oro, per cui dovrai iniziare ad apportare modifiche per adattarti alle sue capacità ridotte. Un cane può rimanere in salute per tutta la vita, ma il suo corpo semplicemente non sarà in grado di fare a 12 anni le stesse attività che faceva a 2. I cambiamenti necessari dipenderanno dalle esigenze specifiche del tuo Chihuahua. Il declino tende a essere graduale; piccole cose qua e là, come una minore trazione sulle superfici lisce. Col tempo, il suo corpo inizierà a deteriorarsi e il tuo cane non sarà più in grado di saltare così in alto. Uno dei modi migliori per contrastare questo problema è dotarti di scalette e altri mezzi per aiutare il tuo Chihuahua a salire sui mobili fin

da quando è cucciolo. Questo riduce la forza esercitata sugli arti quando salta giù, oltre a facilitargli la salita per raggiungerti.

Man mano che l'energia e le capacità del tuo Chihuahua diminuiscono, devi assicurarti che non esageri. Dovresti sempre controllare che il tuo cane non faccia troppo esercizio, ma questo è ancora più importante per un cane anziano. I Chihuahua potrebbero essere troppo concentrati sul divertimento per rendersi conto che si stanno facendo male finché non iniziano a riposare. Questi ultimi anni saranno altrettanto divertenti; dovrai solo assicurarti che il tuo Chihuahua non superi i suoi nuovi limiti. È facile rendere gli anni della vecchiaia incredibilmente piacevoli per il tuo Chihuahua e per te stesso, apportando i necessari adattamenti che gli permettano di rimanere attivo senza sforzarsi troppo.

Cura del cane anziano

Di solito è più facile prendersi cura di un cane anziano che di uno giovane, e il Chihuahua non fa eccezione. I pisolini sono emozionanti quanto le passeggiate. Dormire accanto a te mentre guardi la televisione o fare un pisolino insieme è praticamente tutto ciò che serve per rendere felice il tuo Chihuahua (anche se probabilmente era così anche quando era giovane).

Tuttavia, devi continuare a essere vigile riguardo alla dieta e all'esercizio fisico. Non è il momento di permettere al tuo Chihuahua di iniziare a mangiare qualsiasi cosa o di trascurare le vostre regolari passeggiate. Un Chihuahua anziano non può sopportare il peso extra, quindi devi fare attenzione a garantire che rimanga in salute con l'avanzare dell'età.

Se il tuo cane non riesce a gestire lunghe passeggiate, rendile più brevi e più frequenti e trascorri più tempo a giocare nel tuo giardino o in casa.

Per quanto riguarda gli oggetti a cui il tuo Chihuahua dovrà accedere regolarmente, dovresti apportare alcune modifiche alla tua attuale configurazione.

- Posiziona ciotole d'acqua in diversi punti della casa in modo che il tuo cane possa raggiungerle facilmente quando necessario. Se il tuo Chihuahua mostra segni di difficoltà nel bere o mangiare, puoi collocare ciotole d'acqua in vari punti per facilitargli l'abbeveraggio.

- Copri le superfici dure del pavimento (come piastrelle, parquet e vinile). Usa tappeti o moquette che non scivolino sotto il tuo Chihuahua.

- Aggiungi cuscini e lettini più morbidi per il tuo Chihuahua. Questo renderà la superficie più comoda e aiuterà il tuo Chihuahua a stare più al caldo. Esistono alcuni scaldini per cucce se il tuo Chihuahua mostra spesso dolori alle articolazioni o ai muscoli. Naturalmente, devi anche assicurarti che il tuo Chihuahua non abbia troppo caldo, per cui può essere un delicato equilibrio da mantenere.

- Aumenta la frequenza con cui spazzoli il tuo Chihuahua per migliorare la sua circolazione. Questo dovrebbe essere un modo molto gradito al tuo Chihuahua per compensare le altre limitazioni che lo costringono a fare altre attività meno spesso.

- Rimani in casa in caso di caldo o freddo estremi. Il tuo Chihuahua è resistente, ma il corpo canino anziano non può gestire i cambiamenti estremi come faceva una volta.

- Usa scale o rampe per il tuo Chihuahua invece di prenderlo continuamente in braccio. Sollevare il tuo Chihuahua potrebbe essere più comodo per te, ma non è salutare né per te né per lui. Lascia che il tuo cane mantenga un po' più di autosufficienza.

- Evita di cambiare la disposizione dei mobili, soprattutto se il tuo Chihuahua mostra segni di difficoltà con la vista. Una casa familiare è più confortevole e meno stressante man mano che il tuo animale invecchia. Se il tuo Chihuahua non riesce a vedere chiaramente come una volta, mantenere la casa familiare gli renderà più facile muoversi senza farsi male.

- Se hai delle scale, considera la possibilità di creare un'area dove il tuo cane possa stare senza doverle usare troppo spesso.

- Crea uno spazio dove il tuo Chihuahua possa rilassarsi con meno distrazioni e rumori. Il tuo Chihuahua probabilmente sarà ancora meno a suo agio se lasciato solo per lunghi periodi, ma dovresti avere un posto dove tu e il tuo cane anziano possiate semplicemente rilassarvi senza rumori forti o improvvisi. Non far sentire isolato il tuo piccolo amico, ma dagli un posto dove potersi allontanare da tutti se ha bisogno di stare da solo.

Nutrizione

Poiché una diminuzione dell'esercizio fisico è inevitabile per qualsiasi cane che invecchia, dovrai adattare la dieta del tuo animale. Se scegli di dare al tuo Chihuahua cibo commerciale per cani, assicurati di passare all'alimento per cani anziani. Se prepari tu il cibo per il tuo Chihuahua, prenditi il tempo per ricercare il modo migliore per ridurre le calorie senza sacrificare il gusto. Il tuo cane avrà bisogno di meno grassi nel suo cibo; quindi, potresti dover trovare qualcosa di più sano che abbia comunque molto sapore per integrare i tipi di alimenti che davi al tuo Chihuahua da cucciolo o da cane adulto attivo.

Esercizio fisico

Poiché il tuo Chihuahua sarà ancora semplicemente felice di stare con te, l'esercizio fisico dipenderà interamente dalle tue scelte. Se fai meno richieste, diminuisci il numero di passeggiate o cambi in qualche modo la routine, il tuo Chihuahua si adatterà rapidamente al nuovo programma. Sta a te adattare il programma e mantenere il tuo Chihuahua felicemente attivo. Di solito, aumentare il numero di passeggiate con durate più brevi aiuta a mantenere il tuo Chihuahua attivo quanto necessario.

Tieni presente che il tuo Chihuahua è più propenso ad aumentare di peso negli ultimi anni, qualcosa che il suo corpo non può davvero gestire. Mentre l'esercizio sarà ridotto, non dovrebbe essere eliminato. Attieniti a ciò che il tuo cane può gestire e adatta il cibo di conseguenza per mantenere il suo peso sano.

Questa sarà probabilmente la parte più difficile del vedere il tuo Chihuahua invecchiare; tuttavia, dovrai osservare il tuo piccolo amico per notare segni di stanchezza o dolore in modo da poter interrompere l'esercizio prima che il tuo cane faccia troppo. Il tuo ritmo dovrà essere più lento e la tua attenzione più concentrata sul tuo cane, ma alla fine le vostre giornate saranno altrettanto emozionanti. Probabilmente noterai che il tuo Chihuahua trascorre più tempo ad annusare. Questo potrebbe essere un segno che il tuo cane si sta stancando, oppure potrebbe essere il suo modo di riconoscere che le lunghe passeggiate costanti sono un ricordo del passato e preferisce fermarsi per godersi di più le piccole cose. L'età d'oro del tuo Chihuahua è un periodo interessante che ti dà la possibilità di comprendere meglio il tuo amico a quattro zampe man mano che gli anni iniziano a farsi sentire. Il tuo Chihuahua potrebbe anche farti capire che è ora di tornare a casa girandosi per tornare indietro o sedendosi spesso e guardandoti: se il tuo anziano amico mostra questi comportamenti per farti capire che ha raggiunto il suo limite, accetta il suggerimento e tornate a casa.

Stimolazione mentale

A differenza del corpo, la mente del tuo Chihuahua di solito sarà altrettanto acuta e intelligente negli anni d'oro. Ciò significa che puoi iniziare ad apportare modifiche per concentrarti maggiormente su attività mentalmente stimolanti. Puoi iniziare a fare addestramento per divertimento perché il tuo Chihuahua sarà in grado di imparare ora come quando aveva 1 anno; anzi: è probabile che sarà più facile, perché il tuo Chihuahua avrà imparato a concentrarsi meglio e il legame lo renderà felice di avere qualcosa che può ancora fare con te.

Il tuo Chihuahua sarà grato per il cambio di focus e l'attenzione aggiuntiva. Procurare al tuo Chihuahua anziano nuovi giocattoli è un modo per aiutare a mantenere attiva la mente del tuo cane se non vuoi addestrarlo o se semplicemente non hai tempo. Puoi insegnare al Chihuahua diversi nomi per i giocattoli (dopotutto, continuerà a lavorare per ricevere lodi). Qualunque giocattolo tu scelga, assicurati che non sia troppo duro per la mascella e i denti più anziani del tuo cane. Il tira e molla potrebbe essere un gioco del passato (non vuoi danneggiare i suoi vecchi denti), ma altri giochi sono ancora molto apprezzati.

Nascondino è un altro gioco che il tuo Chihuahua che invecchia può gestire con relativa facilità. Che tu nasconda giocattoli o te stesso, questo gioco può aiutarti a tenere attiva la mente del tuo Chihuahua.

Controlli veterinari regolari

Proprio come gli esseri umani vanno dal medico più spesso con l'avanzare dell'età, dovrai portare il tuo cane dal veterinario con maggiore frequenza. Il veterinario può assicurarsi che il tuo Chihuahua rimanga attivo senza esagerare e che il tuo cane anziano non subisca stress inutile. Se il tuo cane ha subito un infortunio e te l'ha nascosto, è più probabile che il tuo veterinario lo rilevi.

Il tuo veterinario può anche fare raccomandazioni sulle attività e sui cambiamenti al tuo programma in base alle capacità fisiche del tuo Chihuahua e a eventuali cambiamenti nella personalità. Ad esempio, se il tuo Chihuahua ansima di più, potrebbe essere un segno di dolore dovuto alla rigidità. Questo potrebbe essere difficile da distinguere, dato quanto i Chihuahua ansimano di regola, ma se vedi altri segni di dolore, programma una visita dal veterinario: potrà aiutarti a determinare il modo migliore per mantenere il tuo Chihuahua felice e attivo durante gli ultimi anni.

Disturbi comuni della vecchiaia

I Capitoli 4 e 17 trattano le malattie che sono comuni o probabili in un Chihuahua, ma la vecchiaia tende a portare con sé una serie di disturbi che non sono particolari di una razza specifica. Ecco le cose a cui dovrai prestare attenzione (oltre a parlarne con il tuo veterinario).

- Il diabete è probabilmente la preoccupazione maggiore per una razza che ama mangiare tanto quanto il tuo Chihuahua, soprattutto perché ha una corporatura così piccola. Sebbene sia solitamente considerata una condizione genetica, qualsiasi Chihuahua può diventare diabetico se non alimentato ed esercitato correttamente. È un altro motivo per cui è così importante fare attenzione alla dieta e ai livelli di esercizio del tuo Chihuahua.

- L'artrite è probabilmente il disturbo più comune in qualsiasi razza di cane, e il Chihuahua non fa eccezione. Se il tuo cane mostra segni di rigidità e dolore dopo le normali attività, è molto probabile che abbia l'artrite. Parla con il tuo veterinario dei modi sicuri per aiutare a minimizzare il dolore e il disagio di questo comune disturbo articolare.

- Le malattie gengivali sono un problema comune anche nei cani anziani, motivo per cui dovresti essere altrettanto vigile nel lavare i denti quando il tuo cane invecchia come a qualsiasi altra età. Un controllo regolare dei denti e delle gengive del tuo Chihuahua può aiutare a garantire che questo non sia un problema.

- La perdita della vista o la cecità è relativamente comune nei cani anziani, proprio come negli esseri umani. A differenza degli esseri umani, tuttavia, i cani non si adattano bene a indossare occhiali. Fai controllare la vista del tuo cane almeno una volta all'anno e più spesso, se è evidente che la sua vista sta peggiorando. Quei grandi occhi avranno bisogno di attenzioni extra.

- Le malattie renali sono un problema comune nei cani anziani e uno che dovresti monitorare man mano che il tuo Chihuahua invecchia. Se il tuo cane beve più spesso e ha regolarmente incidenti, questo può essere un segno di qualcosa di più serio del semplice invecchiamento. Se noti che questo accade, porta il tuo Chihuahua dal veterinario il prima possibile e fallo controllare per malattie renali.

Godersi gli ultimi anni

Gli ultimi anni della vita del tuo Chihuahua possono essere altrettanto piacevoli (se non di più) rispetto alle fasi precedenti. L'energia e le attività che facevate insieme saranno sostituite da più attenzione e relax. Avere finalmente il tuo Chihuahua abbastanza calmo da stare semplicemente fermo e godersi la tua compagnia può essere incredibilmente bello; ricorda solo di mantenere i suoi livelli di attività invece di diventare troppo compiacente con il nuovo amore del tuo Chihuahua per il riposo e il relax).

Scale e rampe

I Chihuahua sono piccoli, ma questo non significa che dovresti prenderli in braccio più spesso man mano che invecchiano. Sollevare il tuo cane più spesso può persino causare più danni fisici. Ci sono due buoni motivi per assicurarsi che il tuo Chihuahua sia in grado di muoversi senza che tu lo prenda in braccio.

Avere un corpo più anziano significa che sono fragili e non dovrebbero essere sollevati per evitare dolori inutili.

L'indipendenza nel movimento è la cosa migliore per te e per il tuo Chihuahua. Non vuoi che il tuo Chihuahua si aspetti che tu lo prenda in braccio ogni volta che vuole salire sui mobili o in auto.

Scale e rampe sono il modo migliore per garantire che il tuo Chihuahua possa mantenere un certo livello di autosufficienza. Inoltre, non vuoi viziare il tuo Chihuahua negli ultimi anni. Usare scale e rampe fornisce un tipo diverso di attività che può funzionare come un modo per ottenere un po' di esercizio extra.

Goditi i vantaggi

Un Chihuahua può essere altrettanto divertente in età avanzata perché la sua cosa preferita è stare con te. Il tuo animale sarà altrettanto birichino come durante i primi anni, ma avrà imparato a rilassarsi un po' di più.

Il tuo amico a quattro zampe troverà i posti più caldi e confortevoli e vorrà che tu ti unisca a lui. Il tuo cane è incredibilmente devoto e sarà felice di condividere semplicemente una breve passeggiata seguita da una serata pigra a casa.

Cosa aspettarsi

È improbabile che il tuo Chihuahua soffra per il timore che tu sia meno interessato a trascorrere del tempo insieme. Continuerà a essere l'amorevole combinaguai di sempre a ogni opportunità; questo non cambia con l'età, cambia solo quanto può fare. Le limitazioni del tuo cane dovrebbero dettare le vostre interazioni e attività. Se sei impegnato, assicurati di programmare del tempo con il tuo Chihuahua per fare cose che rientrino in quelle limitazioni. La tua felicità è ancora della massima importanza per il tuo cane; quindi, fai sapere al piccolo che provi lo stesso per la sua felicità. Rendere felice un Chihuahua anziano è facile quanto far felice un cane giovane, ed è più facile per te poiché rilassarsi è più essenziale.